可不可以，不要跟別人相處？

김민경
金旼慶——著
林又晞——譯

정신건강의학 전문의가
알려주는 내 마음 다치지 않으면서
타인과 잘 연결되는 법

韓國權威精神科醫師親授，改變人生的「人際關係聖經」！

推薦序

雖然說沒有人是一座孤島，但誰能教會我們，島與島之間該如何相處？

臨床心理師／「心理師想跟你說」共同創辦人　蘇益賢

「沒有人是一座孤島，擁有全部的自己。每個人都是這塊大陸的一份子，主體的一部分。」

——英國詩人John Donne

在諮商室裡，人際關係時常是個案帶進來討論的主題。各種人際關係議題，在人生不同階段，都有上演的機會。

從我們第一天進入幼稚園或小學開始，本以為只要好好認真唸書就沒事的年代，人際關係的考題才剛開始。我們必須學習與一群個性完全不同的人相處，還得認真思考該如何交到朋友、如何找到組員、在玩遊戲時不會被忘記？同時，進階的人際考題或者是：我被朋友討厭了該怎麼辦？為什麼大家要聯合起來，不和我玩？

再長大一點，我們離開學校來到職場，人際關係議題變得更為複雜。除了要與同事共處，還得拿捏好自己跟長官、下屬的距離。在下班之後，人際關係考試還沒停止，在親密關係與愛情領域，我們也被長輩期待交出成績，盡快找到好對象、成家生子。

面對這麼多、這麼廣泛的「考題」，能夠擅長、精通一切人際關係難題的，其實是少數人。可惜的是，在我們長大的過程中，其實也少有老師系統性地告訴我們，該如何和別人建立與維持關係。多數人都是靠著自己一邊摸索、一邊成功與失敗的過程，慢慢形成一套自己對於「人際關係」的看法與方法。

看到這邊，希望讀者能理解的是：人際關係考題這麼多、出題範圍這麼廣，老師也沒有給我們重點整理，我們都是靠自己去探索與摸索，無法每次都「答對」其實是正常的。換句話說，在探索人際關係時用錯方法，乃至於受了傷，是多數人都有過的經驗。

不管今天我們受傷的原因，是因為太在意他人的眼光、太重視別人的認同，又或者是害怕被討厭或被拒絕……在我們急著怪自己「怎麼會做不好！怎麼會被這些原因給困住」之前，請先看見過去那個努力的自己。

同時別忘了，那些我們在人際裡的「在意」，其實過去某些時候曾經幫過我們。只是此刻換了時空，在我們現在的難題裡未必適合使用。在急著改變些什麼之前，若能去理解這樣的背景，好好疼惜過去的自己，往往會給我們更多勇氣，讓你能在未來做出改變。

人類大腦天生就對「關係」非常敏感，背後有其原因。我們的大腦，是經過漫長演化後，逐漸發展為目前的模樣。在我們還是原始人的年代，要靠自己獨自活下去，不是不可能，但確實是極度困難的任務。於是，大腦開始慢慢把「重視合作、互助」的概念植入人類的思考中，而這確實成功地讓人類這個物種的生命得以延續，將基因一代代地繁衍下去。

在這種背景之下，倘若一個人被討厭、被大家不喜歡，就很有可能影響到他未來的生存機會。也許是，在下次分發食物的時候被刻意排擠；或是在遇到紛爭時，沒有人站在他這邊。

看到這邊，希望讀者能理解的是，「在意他人的眼光」其實一開始是為了用來保護自己的。不過，過去對原始人來說很有用的工具，在現在生活中是否總是適合，是值得我們思考的。當大腦的預設思考模式不合用的時候，去調整、去實驗、去改善，就變得格外重要。

這次榮幸能搶先拜讀韓國精神科醫師金旼慶的著作《可不可以，不要跟別人相處？》，讀者將有機會在這本書裡看見，在人際關係中卡住的我們、在某些關係中感到痛苦的我們，很多時候其實不全然是我們「哪裡做錯了」。同時，我們感受到的痛苦，其實是一種訊號，是身體與心理在告訴我們，應該做點改變了。

本書在韓國上市後，引發了不少讀者迴響，其中我特別有感的是某讀者這樣的回饋：「我們都以為自己是普通人，其實我們都是帶著痛苦傷痕的人，這是一本讓我感覺自己正在接受諮商的書。」

在作者細膩的筆下，讀者得以在案例、在心理學的概念之中，看見各種人際關係的「傷」。這些傷為何而來？如何帶給我們情緒上的痛苦？更重要的是，倘若你正被這樣的傷所困，我們又能在看見傷口的同時，做些什麼、好為自己療傷，然後做出怎樣的改變？

除了書中的故事與案例，能帶給讀者許多被同理的感受之外，我也非常欣賞這本書把心理學和大腦的脈絡融入了書寫之中。有感性的案例，也有理性、清楚的分析，相信能帶給讀者滿滿的收穫。

自序
關係對每個人來說都很困難

金旼慶

每天都有很多人為了解決「關係」這個課題前來諮商室，有些人因為被親近的人傷害而難過，有些人則是因為意識到傷害了心愛的人而後悔不已。明明因為害怕受傷而斷絕了關係，卻又隨即渴望恢復關係、不知道該如何重新建立連結，進而驚慌失措。很諷刺的是，我們迎來了不須建立關係也能生活下去的社會，如今無人商店隨處可見，我們也習慣了非面對面的工作型態，或者透過線上視訊聚會。也就是說，就算沒有實際與人見面或直接溝通，我們也可以生活下去。

儘管如此，當我們待在只有機器的地方時，是無法得到安全感的，就好像拜訪陌生的城市，走在一條被高牆般的巨大建築環繞的街道上一樣，我們很容易在這種情況下感到疲憊，因為在沒有人的陌生街道上，我們會莫名感到緊張。或許正是因為如此，每一個國家最受遊客歡迎的地點都是夜市，無論在哪裡都有很多人放鬆地享受美食，這點使我們感到安全。上述情況也得到了研究證實，針對都市生活進行過許多研究的丹麥建築師揚．蓋爾（Jan Gehl）進行過一項偏好調查，詢問人們比較想坐在可以看到滿是花朵的庭院長椅，還是可以觀察到路人的長椅，結果顯示後者被選擇的比例較高。

我們只需要上網點擊幾次，就可以叫外賣來吃、訂購必需品，也可以透過社群媒體將情緒和想法加工後再進行溝通。不管有多麼悲傷和痛苦，我們都可以假裝沒事地上傳照片和文章，把情感隱藏起來，所以受到很大傷痛的人容易越來越孤立自己。

未浮出水面的孤獨族群，其難處在媒體上常常以「老人孤獨死」、「青年問題」、「宅男宅女」等字眼被提及。因為各種原因和人群斷絕關係獨自生活的人，能夠充分地獲得滿足和幸福嗎？我們很清楚答案是否定的。《正義：一場思辨之旅》的作者兼哈佛大學教授邁可．桑德爾，在哈佛大學的課堂上介紹了「透過經歷某種體驗以獲取報酬」的實驗，所有體驗中，人們認為比起吃活蚯蚓或拔門牙，在美國堪薩斯州度過餘生需要拿到更多的報酬，因為在荒涼的地方孤單地度過餘生對於任何人來說，都是避之唯恐不及的。也有另一項研究顯示，配偶過世之後，獨自留下的人健康狀況惡化或者變得憂鬱的可能性很高。就算撇除研究或實驗數據，包括我在內的許多精神健康醫學專家，我們最擔憂的對象，也是身旁沒有親友且患有憂鬱症的人。這裡的親友不一定指可以尋求幫忙的人，對於患有憂鬱症的人來說，身旁若有需要照顧的孩子或寵物，也比獨自生活更好。

就算對象比自己還要弱小，也可以成為自己必須克服憂鬱的理由，進而從他們身上得到安慰。我們會想要和某人在一起、想要從某人那裡得到愛和安慰，或許可以說是刻在基因裡的一種本能。演化人類學家甚至說，智人之所以可以在演化中存活下來，是因為他們具有「一起生活的社交能力」。比起孤單一人，一起生活更能提高我們的生存機率，與人的溫柔接觸、對視、互相安慰真的具有非常強大的力量。以「鄧巴數」（Dunbar's number）聞名的人類學家兼牛津大學演化心理學教授羅賓・鄧巴甚至透過實驗證明，以每秒2.5公分的速度撫摸皮膚，大腦就會分泌一種能讓心情變好的神經傳達物質「腦內啡」。因此當傷心、難過或肚子痛的時候，媽媽如果能輕撫我們的肚子或輕拍肩膀，我們的心情就會平靜下來，疼痛也會減輕，這其實是非常有科學根據的做法。

如果可以得到某個人的安慰和愛，並一直維持良好的關係，那當然很好，但有時關係會因為做了極具破壞性的舉動而變得岌岌可危。也有一些例子是，給予我們安慰、同時也是我們依靠的人，卻對我們施以言語或肢體上的虐待，但是害怕被獨自留下的本能感受更強烈，因此即使那段關係是以虐待連結，直接斷開也可能帶來巨大的痛苦，我們會在這種節點上遭遇關係的困難。該如何與珍視的人維持安全的連結，以及該如何遠離危險的關係呢？我會在之後分享的故事中，詳細解釋人際關係的各種型態，和我們在那些關係中應該採取什麼樣的姿態。

我身為一位工作超過十五年的精神健康醫學專科醫生，將因關係而痛苦的人大致分為兩類：為了得到對方的認同或關心而接近對方，但容易受傷的人；以及為了不再受到傷害，像顆堅硬的石頭一樣穿上盔甲來保護自己心靈的人。雖然這兩種狀態不一樣，卻有一個共同點，那就是兩者都迫切希望與他人建立好的關係，但因為做不到，所以無可奈何地採取保護自己心靈的策略。大部分的人若在適應關係時遭遇困難，極有可能會睡不好、焦慮、憂鬱、懷疑所有的事情和感到恐懼。

為了適當地解決這些問題，我們需要「某個人」陪在我們身邊，一起探究那份痛苦，並聽我們訴說那份難受的心情；但遺憾的是，有時候我們沒有可以傾訴困境的家人或合適的朋友，有更多時候我們反而被親近的家人或朋友傷害，因而感到非常落寞孤單，此時就會不知道該如何應對內心的情緒而感到不知所措。

我想透過這本書幫助無法向周圍親友伸手並身處痛苦的人，以及不知道該如何幫忙當事人而感到惋惜的親友。為了寫書，我先仔細回顧自己的生活，並嘗試記錄下在人際關係中發生的各種事件。我回想著每天懷抱心靈傷口來到諮商室的人們，以及與他們一同努力尋找出路的過程，希望本書可以成為這些擁有相同困難的人的地圖。

坦白說，也是多虧了那些帶著愛與認同守護在我身邊的人，我才能夠和他人一同承受困難，並幫助他們克服困境。我想在文章的一開頭告訴大家，因為「關係」受到的傷害，一定要用「關係」來解決。

Contents

第1章 受他人視線綑綁而被關係左右的我

第2章

為了在微妙的關係拔河中保護自己

第3章 建立起靈活且堅固的關係

第4章 我讓我自由

第 1 章

受他人視線綑綁
而被關係左右的我

今天，我的共感能力已售罄

在夏季發布高溫警訊的某一天，我為了消暑走進一家咖啡廳，想著要點冰咖啡來喝。走到點餐臺前，一段標語頓時映入眼簾：「請勿使用半語[1]，您面前的人也是別人的家人。」到底有多少人曾經隨便對待店員，店家才會貼上這樣的標示？一想到這裡我心裡便很難過，同時又想起：「對了，最近就算是打給客服中心也會聽到類似的話。」

最近只要撥打詢問電話給客服中心等機構，電話的另一頭就會傳來親切的聲音說：「現在我們寶貴的家人將接通您的來電。」這樣的留言是為了引起口出惡言或亂罵髒話的人的同理心。

1. 又稱平語。在韓國通常是對同齡、年紀較小的對象或是親近的朋友才使用，對長輩、上司或不熟的人一般使用敬語。

在令人忙得暈頭轉向的現代社會中，我們每天都會與很多不知道何時會再見的人擦肩而過，但我們卻反而向這些人要求更多的感同身受和尊重。理解和共感是需要消耗很多能量的事情，因此像是服務業這樣的情緒勞動者，以及必須讀懂他人的情緒、產生共鳴並給予治療的心理治療師和醫護人員等，比起一般人更常共感疲乏。

共感能力強的人所具有的特徵

有些人雖然並非從事這些職業，但他們的內心本來就很柔軟，所以容易受到他人情緒的影響。這種人的共感能力很強，經常從他人的立場投入感情，因此總是在看別人臉色或者為了滿足對方而不斷付出努力，來找我的人也具有這種特徵。A表示，不管進入哪間公司工作，他總是為了不辜負人們的期望而費盡心思，每天都在他人身上消耗很多能量，所以容易感到疲乏，最終導致他從來沒有在一個職場上工作超過兩年。

當A的工作差不多上手時，若是聽到前輩說：「你知道我很相信你吧？因為有你在，真的感覺很放心。」這類的話，便讓A承受了過多的責任感，他很擔心自己無法符合前輩和上司的期待，雖然很努力想要滿足他們，但反而變得無法有效率地完成工作。問題並沒有就此結束，新來的後輩不怎麼聽上司的話，經常耍小聰明，所以夾在中間的A甚至還要分擔後輩的工作。他身心俱疲，被不公平對待的感覺讓他的心裡更加難受，儘管如此，上司的肯定對他來說太重要了，所以他實在無法說出自己的感受，而且後輩們也不會理解他。最後，他產生了這些想法：「是我沒有領袖風範嗎？」、「是我沒有前輩的樣子嗎？」開始自我譴責。A在某個瞬間陷入了職業倦怠，最終辭職，並與上司和後輩們斷了聯絡。

像A一樣，因為職場關係出現問題而辭職的情況很常見。「怎麼突然這樣？既然要這樣，你應該早一點說啊。」旁觀者可以很輕易地說出這種話，但對於當事人來說，說出口是一件很吃力的事情。如果自己的行動和感受到的大部分動力都來自於外部，自然無法輕易放下想獲得他人肯定的心。很多人喜歡並很依賴像A一樣細心的人，但是很多的A都無法說出：「我今天的共感能力已經消耗殆盡了！」導致自己疲憊不堪，最終與人們「斷絕關係」。

爲何會產生想要得到某人肯定的心

不只是A，很多人在調節自己情緒的同時，也無法說出「我再也沒辦法試著理解你了，今天我需要休息一下」這樣的話。一邊逼迫自己，一邊把親切、踏實、耐心當作養分一樣讓給他人，而在某個瞬間感到疲倦，這個問題該怎麼解決呢？核心解答就是承認「我的共感能力」也會枯竭。善於理解和關懷別人是很受大家歡迎的模樣，因此容易沒有意識到自己越來越疲乏，這就是一個陷阱。對於任何人都懷抱著奉獻精神、站在他人的立場上思考、優先顧慮他人的心情，如果依據這些本質行動，就會發現我們內心有很強烈的「希望得到肯定」的欲望。

雖然沒有人督促我這麼做，但我內心對於被肯定的強烈欲望卻鞭策了自己。「新進員工感到很辛苦、無法適應好像也是我的錯，我不能坐視不管。」、「別人還在工作無法下班時，如果只有我一個人提早離開，我會覺得很抱歉，所以即使沒有工作要做，我也會留下來加班。」這些行為容易被包裝成社交能力很好、個性很好等，有利於升遷和邁向事業上的成功；但如果不能找到平衡點，內心就會變得空虛，與親友的關係也會開始出現裂縫。因為核心在於「被肯定的欲望」，所以我們會對有一些距離感的同事或點頭之交，發揮高度的共感能力並奉獻自己。在此期間，我們的身心越來越疲憊，疲憊的心靈很容易導致我們對待親近的配偶或父母時，表現出不耐煩的樣子。

有這種傾向的人應該意識到自己不能總是滿足身邊的人，並接受那並不是自己的錯。至今仍然有許多A無法放下周圍人們的期待，正因為這樣的人際關係而感到疲憊不堪。

為什麼經常在意他人的視線

孩子小的時候經常會去兒童咖啡廳[2]，小朋友們可以開心地玩耍，大人則可以一邊喝咖啡、吃點心，一邊看著小孩子嬉戲，是一個可以同時滿足父母和孩子的空間。兒童咖啡廳在不同時段有許多不同的活動，有一段所有的孩子都可以一起興奮地蹦蹦跳跳的時間，那就是「舞蹈時間」。當歡快的兒歌響起時，所有小朋友就會衝上舞臺，做著分不清楚是舞蹈還是跑跳的動作，享受這段快樂的時光。

孩子們不在意周圍同儕或大人的視線，他們會自由地擺動身體、盡情奔跑，我看著他們，心情不自覺變得很好，也跟著用腳尖打起節拍。那時，腦中自然浮現出一個畫面：在運動會或郊遊時，主持人為大人們規劃了舞蹈時間。由於聚會的參與者都是青少年以上的成人，要他們大白天在大庭廣眾之下隨著音樂起舞，除了少數有舞蹈天分的人，其他人不要說僵硬地跳舞了，就連擺動身體都有困難。大部分的人都會說：「我不太會跳舞……」、「怎麼會突然有舞蹈時間？」、「別人看到我會怎麼想……」之類的話，露出為難的表情站在原地。

每個人或多或少都會在意他人，其中有些人過度在意到會影響日常生活的地步。受制於別人的視線而產生的代表性疾病就是「社交恐懼症」，常見的有報告焦慮或舞臺恐懼症等，站在眾人面前會心悸不安，甚至焦慮到難以承受，這是大部分人在經過青少年時期後都會有的症狀。在這裡我們可以看到一個重點，那就是人們在成長的過程中會產生在意他人的心。

在年紀很小的時候，整個世界都以自己為中心打轉，肚子餓就

2. 內含玩具與遊樂設施並供餐的親子空間，風靡於韓國。

哭，不給買玩具就突然癱坐在地上大哭大鬧。大部分的小孩不會看大人的臉色，也不會有「我哭了會讓媽媽變得很為難吧？」、「別人看到我哭了會怎麼想？」之類的想法，孩子們不會在意周圍的視線，只是如實地反映出自己的需求。但也有一些父母看到那個年紀的小孩理所當然的反應之後，這麼說：

「孩子好像是故意的，他應該會看臉色，可能想讓我難堪吧。」

因為父母用大人的想法和視線看待孩子，所以才有了這種誤會。如果用「不是你贏就是我輸」、「還這麼小就想要贏過我」這種心理逼迫、壓制孩子，會怎麼樣呢？那個年紀的小孩本來就是以自己為中心，如果無法滿足這一點，可能會讓他們爆發出激烈的情緒。

以「我」為中心的世界經過兒童期進入青少年時期，就會產生自我意識，逐漸發生變化。也就是說，開始會意識他人的視線，偶爾會覺得害羞，也會顧慮在他人眼裡的自己是什麼樣子。雖然根據每個人天生的個性，以及成長過程中與周遭的關係不同，可能會有所差異，但青少年時期之後開始會在意他人視線是很理所當然的，在這個時期會形成個人獨有的「自我」，在意旁人的視線，經歷試著符合他人情感或期待的「社會化」過程。青少年的集體流行或與朋友之間的關係變得尤其重要，因此這個時期的「排擠」也成為了一個社會問題。如果無法往返於「我」和「我們」之間，不能適應感受到的情緒並做出相應的行動，就會過度在意他人，或很難與他人協調，最終變得非常畏縮，形成只想獨自一個人的傾向。

無法透過數學公式解決的關係

有很多人想要擺脫過度在意他人的想法而來到諮商室。人際關係與解數學問題或學習新知有很大的不同，要不斷練習在自己和他人之間來回檢視並保持警戒，如果不做這個練習，在社會上生活可能會變成很大的負擔。

基本上在學生時期，我們都會接受以知識累積為評價的標準。在學校十幾年間學到的知識和讀書方法，與在社會上建立人際關係、解決人與人之間的問題完全是不同的面向，因此即使是在學校以優異成績畢業的人，只要開始踏入社會生活，也很有可能會處處碰壁。許多在人際關係中受過重傷的人會透過在學術上的成就來滿足「希望被肯定」的欲望；也有一些人學業成績優秀、擁有專業證照，唯獨非常不擅長人際關係，與別人合作往往感到很辛苦，因為獨自讀書或面對電腦程式，與人際交流完全是不同的事情。

我在高中體育課曾經學過網球，由於學生有數十人，體育老師卻只有一人，所以只學了一些皮毛。上了大學之後，想說既然有學過網球，希望可以再繼續學下去，於是加入了網球社，然而我卻因為高中時學錯了揮拍姿勢，吃了不少苦頭。使用了錯誤的姿勢多久，矯正姿勢所需要付出的時間就有多久。運動或演奏樂器跟用頭腦理解的知識不同，需要用身體去熟悉，人際關係也與此類似。

當有人向自己搭話或下達指令時，每個人的反應都各不相同。如果我的情緒判斷標準在他人身上，也就是說，當我過度在意他人的視線時，就很容易連小事都被動搖。很多時候過度在意別人會讓我們忘記重要的正題。

「在工作上難免會犯錯，慢慢學習就好。」

「就算搞砸了工作，也不代表自己的存在是有問題的。」

選擇工作的時候，我們會考慮適合與否、專業性、經歷、薪資、福利、上下班距離等，卻不太會把和「誰」工作放在心上，即使這個「誰」往往可以決定實際職場上的成敗，有可能是因為這項因素很難由我們選擇，不只是員工，管理者和上司也一樣。儘管互相體諒、理解他人的能力真的很重要，但目前社會上對這種特質的評價並不高，在員工入職的時候，相對也不太重視這種能力，因此職場上由人際關係所造成的問題一直在發生，只是差在「多大多小」而已。

所謂職場基本上與自己的職涯息息相關，為了在某一個領域中被認可為專家，需要投入很長的時間，辛苦地累積了經歷，若是突然被人際關係扯後腿，就會陷入更大的困難。如果認為一定要得到對方的肯定或稱讚才行，我們就會因為對方的一點指責而心情低落，頓時失去信心，這又會造成惡性循環，意即我們會因為感到氣餒而無法好好提出自己的主張或問題。為了不要犯錯，一整天懷抱著緊張的心情工作，如此難免會筋疲力盡，一天之內湧現數十次「要不要乾脆辭職」的想法。但一想起自己為了做這份工作付出那麼長的準備時間，自己的存在好像會在辭職的瞬間消失不見，這種危機感席捲而來讓我們進退兩難。

獨自努力學習以取得成果的人，在職場上也會展現類似的樣子，他們會鞭策下屬和同事們，就像在督促自己一樣。但「在自己的領域表現好即可」，與「在集合各式各樣能力的人的組織中營造和諧的氣氛」，兩者是完全不同的問題，因此過度熱中工作的人在得到升遷時，與下屬或同事產生誤會的情況並不少。這可以用獨自跑一百公尺，以及和好幾個人一起跑接力賽來做比喻，即使自己具備獨自跑完一百公尺的實力，但如果無法和大家溝通與配合，就很難完成接力賽跑。職場是一個不與人合作和溝通，便很容易疲乏、產生摩擦的地方，也許正因為如此，它也是適合檢視自己所擁有的「人際關係」的地方。

我的心在如岩漿般的憤怒中掙扎

「平時我也不太了解自己的心情。」

「我有時候會突然發火，雖然會很暢快，但又覺得很傷心，因為我必須這樣發火，大家才肯稍微放過我。」

我身邊有不少人不太會表露情緒。諮商者B平時很少把情緒顯現，總是一次把忍住的情緒全部發洩出來，這樣的做法對日常生活已經造成了問題，因而前來諮商室。B說他表面上看起來身心都很堅強，給人溫厚的印象，經常被周圍的人拜託事情。在社會上，我們都需要這種展現在大家面前的模樣——「人格面具（persona）」，因為和氣與誠懇的人格面具在社會上非常有用，但是如果沒有照顧到內心、受制於它的話，「人格面具」這件衣服反而隨時會綑綁住自己。

難以避開的憤怒情緒

褪去朝氣蓬勃的聲音、彬彬有禮的模樣，那天發生的事情像電影一樣在腦海中播放，當下沒能感受到的情緒開始湧現。「他為什麼對我說了那種話？」、「他是不是在無視我？」、「他總是這樣！」、「只有我必須一直忍著嗎？」、「在社會上生活本來就是這個樣子嗎？」這些想法讓內心變得痛苦。此時，心中的「憤怒」情緒蠢蠢欲動，「憤怒」擁有巨大的能量，所以很難避開或一直壓抑，就像岩漿一樣，持續沸騰到某一個瞬間就會突然爆發。B就是在忍到受不了的時候，讓憤怒的情緒爆發了，但是爆發的時間點並不合適，突然的憤怒很容易會被人們誤以為是情緒化或者敏感的人。

B在公司發怒一、兩次之後，被說是一個脾氣很大的人，如今周圍的人都開始對他小心翼翼，這種極端的狀態讓他覺得很不自在，於是選擇了離職。

人有幸福、快樂、悲傷、孤單、羞恥等各式各樣的情感，因為情緒並沒有完全與理性區隔開來，也不是大腦中另外運作的一套體系，所以理性判斷也會受到情感的影響。我們的情緒在出生之後逐漸成長，構成大腦的迴路，如果在成長期間，與父母或親友有較多的情感交流，例如寫日記、嘰嘰喳喳地和父母訴說今天發生的事情，或和朋友們分享日常生活，如此一來大腦的迴路就會變得非常豐富。就算父母太忙了，或是父母經常起衝突導致家裡既吵鬧又不安穩，如果有會傾聽我們說話的老師，或者可以和我們分享生活的朋友，也能發揮很大的助益。根據英國精神分析師彼得・馮納吉（Peter Fonagy）表示，如果小時候曾經得到某個人的充分支持，儘管那段期間只占據童年的三分之一左右，也能讓自己的內心變得堅強。

隱藏情緒的人應該做的事情

如果長期在無法對別人吐露心聲的狀態下成長，大腦迴路就無法將各式各樣的情緒視為珍貴的資訊，反而會進行修剪（沒有在成長期間被刺激的腦細胞會在青少年時期之後被清理掉，這個現象稱為大腦的修剪。例如，小時候沒有學好樂器，與此相應的腦細胞就會被修剪而消失，長大成人之後重新學習需要花費很長的時間），此時就會發生不了解自己情緒的狀況。更何況悲傷、孤單、羞恥等脆弱的情緒就像是赤裸的身體一樣，我們不會輕易袒露給別人看。

如果鼓起勇氣說出了悲傷，卻不曾被好好地安慰，那麼解決悲傷的唯一辦法就只有將其緊緊包裹、隱藏起來。那些脆弱的情緒藏在心裡，要是再加上外部刺激的累積，最後就會變成名為「憤怒」的巨大火山爆發而出。B也因為同事說：「你應該做好這件事啊。」、「你就照我說的做。」觸動了他的羞恥心和自尊心，讓他一直壓抑在心中的憤怒到達了極限，就像活火山一樣一次爆發出來。

不太會吐露心聲的人就像穿上了堅硬的盔甲，覺得袒露情緒非常困難，因為他們一直以來都認為只有緊緊地包裹並且保護住情緒才是安全的。他們需要慢慢脫掉包覆住情緒的堅硬盔甲，試著換上輕便的衣服，最好的方法就是向可以信賴的人放鬆地吐露心聲，並且明白這種經驗是有益且安全的。如果難以鼓起勇氣，那麼透過日記或隨筆一點一點表達自己的心情也會有所幫助。若是很難用語言表達，也可以畫圖或塗鴉。每當我建議諮商者使用這些方法，就會有不少人揮手表示：「我不會寫文章。」、「我從來沒有畫畫過！」請把這些行動當作是抒發自己心情的方法，而不是為了拿給誰看的文章和圖畫。某些方面，在社群媒體上發表短篇文章或隨手記下心情也可以成為一種方式，而且可以透過表示同感的留言或「按讚」得到安慰；但同時也要注意到，我們可能會因為太過在意有沒有留言或按讚數多寡等而失望或受傷。從這方面來看，練習在只有自己能看到的筆記本上寫下一、兩行心情，對自身來說會更加安全，也更有幫助。

如果用火來表達自己是否存在

在人際關係中，經常有人把對某人傾訴自己的情緒比喻成對著經過的偵察機大喊，這種強烈的表達方式就好像是在說，如果不哭喊著便無法傳達出去，有時候還會毫不猶豫地說出讓人受傷的話。但如果仔細觀察他們的內心，就會發現他們的心中藏著一個遭到灰熊襲擊而被獨自留下的小孩，因為實在太急迫了，他們為了逃跑，只能大聲疾呼。在人際關係中，如果自己的需求沒有被接受，很容易會感到失望和挫折，有時候還會持續向對方提出要求。

也許是因為他們曾經很多次溫和地訴說，卻沒有辦法好好地傳達出去，所以才總是以強硬、生氣的模樣來傳達自己的想法，最容易產生這種矛盾的關係就是夫妻。「別人家的老公都很體貼，對孩子也很溫柔，你都沒有一點長處嗎？」、「你總是喝酒，不然就是徹夜玩遊戲，當這裡是飯店嗎？」當然一開始並不會說得這麼強烈，但負面經驗隨著歲月流逝累積得越來越多，雖然有試過婉轉地對配偶說，但對方似乎根本沒有聽進去。對方的態度讓自己越來越生氣，音量也跟著越來越大，而且因為沒有發生任何變化導致自己經常在重複說同樣的話，自己好像變成了「如果不是現在，便不知道何時才能得救的人」一樣，對著經過的偵察機大聲呼救。如果被「無法獲得對方的愛和肯定」的情緒壓倒，每天就都會迎來好幾次難以忍受的情緒海浪，此時為了不再受傷，最好的方法就是切斷關係。

有些人不管關係有多好，對方只要犯了一個小失誤，也會果決地斷絕關係。他們心裡蘊含著不想受傷的心靈，因為如果逐漸習慣依賴對方、變得容易受傷，就需要為了不失去那份愛而提高嗓門大聲呼喊，他們明白那種疲憊的感覺，所以才選擇迅速斷開連結、換工作，輕易地改變人際關係。但是已婚的夫妻或家人之間並無法輕易切割，就算已經放聲大吼了，對方還是無動於衷的時候，可能會引起火病[3]或憂鬱症，這些都是因為沒有劃分好人際關係的界線。當我與他人之間有適當的界線時，反而可以察覺到自己的內心，安全地走向對方。

3. 韓國特有的文化症候群，通常是指在生活上承受壓力或委屈卻無法宣洩而導致的精神疾病，經常伴隨著頭痛、胸悶、焦慮和失眠等身體不適症狀。

理性的人能夠從關係的痛苦中變得自由嗎？

非洲的伊波拉病毒猖獗之際，無國界醫生兼作家鄭尚勳（暫譯）是第一位挺身救援的韓國人，他在著作《有一天死亡約了我見面》（暫譯）中回想了父母的模樣，內容如下：

導致父母吵架的情緒對小孩來說，就像是來路不明的怪物一樣，他只能從情緒中逃跑。少年從小就很懂事，雖然他非常希望父母可以相愛，但這個心願根本不可能實現，所以乾脆否定願望本身，那才是減少傷害的方法。

少年夾在總是情緒高昂的母親與一直保持沉默的父親之間，身為孩子的他幾乎什麼都做不了。心理創傷治療的權威丹尼爾・席格（Daniel J. Siegel）表示，小時候如果沒有從親密關係中感受到許多不同的情緒，也沒有在與那些情緒相關的關係中體會到意義，有關情緒的大腦領域就會萎縮。

當理應最溫暖和最能獲得安慰的空間，變得總是充滿緊張，有時候可怕得讓人想逃跑的時候，情緒就會成為必須逃離和躲避的東西，而非必須去感受的東西。

成年後的他在自己身上發現了父親的影子後這麼說：「有時候沉默比拳頭更痛。」當配偶情緒高漲地攻擊或指責自己的時候，許多人並沒有察覺到那背後其實是對於愛的渴求。他們無法承受配偶的攻擊或指責，而選擇逃跑或保持沉默，因為他們擔心如果反擊，關係就會破碎。對於生氣的人而言，沉默有時候是最大的武器。

如果在小時候有過很多情緒不穩的經驗，就會逃離情感，變得十分理性。這種人會為了不想感到悲傷和焦慮，更加投入學習和工作，不只成績優秀，於職場上也獲得肯定，甚至一不小心可能就變成工作狂。也許正是因為如此，社會上非常成功的人當中，有不少人與家人之間都出現了很深的情感裂痕，他們非常擅長邏輯推敲，也很會處理因果明確的事情，但只要碰到人與人之間微妙的矛盾，他們就會不知所措。雖然表面上看起來是一副完全不受任何情感動搖的冷靜模樣，但內心深處卻藏著一個因為不想感到焦慮和悲傷而逃跑的孩子。

當無法保持適當距離的時候

「職場」這個特定的空間算是一個可以找到自己立足點的地方，

因為大家都是為了做同一件工作而聚在一起，只要保持適當的距離，努力做好自己的工作，大部分的事情似乎都能迎刃而解。有些人為了避免產生摩擦，有時候反而會自主承擔更多工作。工作上得到肯定、不表露情緒，並且自然地避開別人的攻擊，就是他們這輩子遵行的最佳適應策略，這種人就像鄭尚勳作家說的那樣，如果出現「情緒」怪物，他們就會先逃跑。雖然解數學題目、在公司報告可以為心靈提供安定感，但與人產生摩擦卻會敲響隱藏在內心深處的警鐘。他們會碰到的第一個危機就是婚姻關係，因為不管是朋友或戀人都不會每天二十四小時不停地分享生活，可以保持適當的距離，只看見彼此好的一面。

但是婚後就要一起生活，共同解決與雙方父母的關係和家庭經濟等現實問題，如果再加上還要照顧小孩，情況就會發生一百八十度的轉變。配偶對自己的依賴，以及必須照顧小孩而逐漸產生的壓迫感，婚後的每一天都會碰到令人感到辛苦的事情。這個領域完全屬於感性而非理性，夫妻應該彼此安慰、一起承擔痛苦、互相分擔悲傷，這是習慣逃跑的人從未遇過的危機。想要迴避感性的狀況並逃跑的人，在夫妻關係中被稱為「畏縮者」，但這種人在諮商時卻表現得非常紳士，試著理性地說明一切，表示自己錯了並發誓以後一定會做得更好；有時候也會露出想離開診療室的樣子，就像是想逃離配偶的要求一樣。

他們遇到的困難就是，無法在關係中與另一個人共同承擔悲傷和孤單。為什麼會這樣呢？原因很簡單，因為他們太害怕了。感情無法用理性理解，而是必須用心體會和靠身體去熟悉，是一場需要投入很多時間的戰鬥。

理性者的大腦習慣符合邏輯並把思路整理清楚，不擅長接受和認同難以用邏輯說明的情緒。當自己感到悲傷或經歷困難的時候，他們不曾透過向誰傾訴獲得安慰並解決問題，比起那樣處理，他們更傾向將情緒壓抑下來或努力無視，埋首於工作或學習當中以克服困難，而且通常會不斷重複這一個方法。他們會對想要被理解情緒並獲得肯定的人說：「不要陷入情緒裡面，加油！」、「試著專注在其他事情上吧。」因為他們自己就是透過這種方式克服了痛苦，所以對他們來說，這種反應很理所當然。想要感受自己所愛之人的悲傷是一件非常困難的事情，有時候會因為「好累」、「好痛苦」等想法，產生應該要幫忙想出解決辦法的責任感和挫折感，而感到更加難受。

尤其是成長期的孩子，他們有各式各樣的情感，就算是悲傷、羞恥、恐懼等不舒服的情緒，父母也可以透過認同他們說：「的確有可能會那麼覺得。」、「有那種感覺應該很辛苦吧。」幫助孩子發展細膩的情緒領域，並培養可以克服這些難受情緒的力量。但如果對孩子說：「你幹嘛像個笨蛋一樣表現出那麼脆弱的樣子？」、「你那麼脆弱是要怎麼在這世上生活？」那麼孩子就會否定和壓抑自己感受到的情緒。

情感交流的模式與「我和父母」、「我和子女」緊密相連。大多數人都想得到戀人或配偶的安慰吧？自己所愛的人感到悲傷或因矛盾產生衝突的時候，我們應該另尋他法，而不是用自己本來習慣使用的方式。邏輯和策略曾是人生中最有用的東西，也是在社會上生活的利器，但我們應該放下那些，試著停留在自己和對方的情緒中，並且去感受。就算沒有馬上提出令人暢快的解決辦法也沒關係，請記住，光是感受對方的痛苦並將其表達出來就已經有所幫助了。

不必回答所有的問題

我認識一個女生，她的心地善良、共感能力強，讓很多人想親近她。可能就是因為如此，她常常被問到過於敏感的問題，不僅會被自然而然地問到家庭關係和工作等，還有人會問她和男友私下的關係。雖然她回答的時候並不以為意，但回家後卻總是很後悔，感覺好像說了太多私事。

很多人都像這位朋友一樣感到壓力，覺得好像應該回答人們的所有問題。如果有人突然提問，就會先回答，但是說著說著，不知不覺就說了太多私事，之後痛苦不安找上門來，一想到「自己是不是講太多私事了」而莫名地擔心，覺得好像有人會到處講我的故事而感到焦慮。偶爾自己講出的話會意外地被傳出去，變質成奇怪的故事，最後從別人那裡聽到流傳的其中一則傳聞，此時心情就會變得非常差。反覆發生這種事情會讓自己對人際關係失去信心，也會想斷開令自己感到不舒適的關係；而對方則會認為這段期間我們的關係都很好，怎麼突然就破裂了？因而感到錯愕。

在人際關係中保護我的心

為了不在人際關係中受傷，我們需要衣服來保護自己的情緒。雖然在炎熱的夏天穿單薄的上衣就足夠了，但是在寒冷的冬天就需要厚厚的外套，情緒也得根據我們當下的狀態改變穿衣的厚度。當我們處於充滿自信、心情舒坦的狀態，內心就像是夏季陽光明媚的天氣，此時就算只有非常薄的一層防護罩也沒關係，即便和他人分享瑣碎的事情，偶爾甚至聊到隱密的私生活，對方的反應也不會對我們造成傷害。也就是說，負面的情緒馬上就會揮發，自己能夠更加投入那一瞬間的交流樂趣中。反之，如果我們處於壓力很大或身心俱疲的狀態下，就需要厚厚地保護住自己的情緒。

當心裡難受的時候，情緒和記憶很容易出現混亂，由於此時更能感受到對方話語或表達中的負面要素，所以即便是無關緊要的對話也容易感到受傷，此時最好不要說太多自己的事情。「你最近談戀愛談得怎麼樣？」、「聽說你在減肥，還順利嗎？」還來不及準備就突然面臨這樣的問題時，沒有必要一一回答，我們可以稍微轉移對話的主題，「就那樣啊。話說回來，馬上就要放假了，你有打算去哪裡嗎？」

不過這些也是需要練習的，有些人之所以故意調皮地提問，是因為他們很享受看到別人有點慌張或者試著想回答的樣子。如果身心俱疲而覺得我現在需要保護自己的情緒時，除了對會認真地傾聽你的少數人以外，不要暴露太多自己的情緒和生活，我們要能夠拒絕對方看似親切的提問。

獲得諾貝爾文學獎的作家石黑一雄，在作品《克拉拉與太陽》中，描寫了一群不擅長人際關係的孩子。主角裘西有一天聽到朋友們在批評她非常依賴和喜愛的人工智能機器人克拉拉，他們接連指出克拉拉不是最新型機器人，也不會翻筋斗等缺點，進而給裘西施壓。裘西不知道該怎麼回應朋友們，不知所措地說：「早知道我應該買最新型機器人。」但是她明明沒有這個意思，當然也不是真心的。

我們在與他人對話時，如果氣氛被對方帶著走，偶爾就會有「我現在在說什麼」的感覺。在這種對話中，我們會受到大大小小的傷害，並陷入是否應該切斷關係的苦惱中。請想想看，「對我來說，這是安全的關係嗎？」、「我現在的狀態是舒適的嗎？」如果覺得兩者都不是，那你可以不必回答所有的提問。保持適當的距離，穿緊衣服，保護自己的情緒吧。

傷口不是別人給的，而是自己接受的

我以前曾在大學醫院和小有規模的醫院工作，職員們不僅要照護患者，還要和許多同事交流與溝通，很多人在這個過程中遇到了困難。人際關係並不是像「1＋1＝2」一樣單純的算式，有時候關係可以比喻成微積分，困難又複雜地交雜在一起。不管在哪個組織，只要與各式各樣的人一起工作，就一定會有相較之下比別人大聲、強勢又無禮的人。

經常有職員來接受心理諮商的時候會說自己因為某人「受傷」了，但其實所有人都沒有真的受到傷害。這裡存在著微妙的脈絡差異，因為心上的傷口與造成傷害的人的意圖完全無關，而是取決於接受的人。例如，A上司的個性是，如果工作不能照他的意思快速進行，就會大發雷霆，但因為他不會提前指派工作，所以不管是誰都很難配合他，在這種狀況下，A的大多數下屬都備感壓力。遺憾的是，在組織當中有很多重視業務的人，卻很少有關心他人、理解並照顧下屬情緒的人。

我們首先要做的情緒分離

要生活在如叢林般的社會中，一定需要一樣東西，那就是把我的情緒從某個人的行為或言語中分離出來的能力，這樣才能避免因為誰而「受傷」。例如，A因為時間緊湊突然委託他人處理難以負荷的工作，在這種情況下任誰都會有壓力，此時通常有兩個選項：「就算過了下班時間也要完成工作」或者「反正是難以負荷的量，做完該做的就直接下班」。

我觀察了很多職員後發現，選擇前者的人通常更容易感到受傷。努力工作到超過下班時間代表已經接受A的要求，在那個心理背後隱藏著想得到A肯定的欲望。為了得到A的肯定而竭盡全力的人會發生什麼事情呢？通常人們會對接受自己要求的人提出更多的要求，對於無論如何都會完成工作的職員，不知足的A會分派更多工作給他們，無法負荷A要求的職員則會出現職業倦怠或突然想要辭職。

表面上看起來適應得很好、很努力工作的人突然辭職，其實他們大部分都沒有畫好自己的界限，把自己逼到最後一刻。如果把人生優先順序的標準放在某個人的「肯定」上，而非自己的幸福或者自己本身的話，我們就只能是關係中的乙方，被對方的要求或情緒牽著鼻子走。「我已經付出了這些情感和努力，對方理應用相應的肯定回饋我」，雖然抱持著這種期待，但世界並非如此運轉。即使自己已經盡力了，但有時候努力還是會被否定，甚至可能還會有人搶走我們的成果。為了得到「你做得很好」的肯定而努力，結果卻在一瞬間虛無地崩塌，關係最終會走向破裂。

你們可能會覺得，「都說人是群居動物，怎麼能夠忽視別人的認同和愛呢？」沒錯，這非常理所當然。雖然對方的認同與愛，以及我們內心的欲望，就好像上上下下的蹺蹺板一樣反覆不定，但最終仍會在不知不覺間找到平衡。不過我們必須銘記，如果太過重視他人的肯定，我們的人生可能會變得很吃力。

有時候沒有得到所有人的喜愛也沒關係

幾年前，很高興能在研討會上遇到教授和學校的後輩，我們簡單地分享了一些日常生活，此時後輩突然說：「教授，學姊還在系上的時候，我跟大家都很喜歡她，她真的是一位很好的學姊。」我的臉因為這句話迅速發燙。「應該沒有大家都喜歡我吧？他是不是把我想得太好了……」浮現這個想法的同時，我一邊在腦海裡快速掃過當時和我一起工作的學長姊和學弟妹們，一邊自我反省，「大家都喜歡我嗎……」

那個時候教授卻對我說：「為了給所有人留下好的印象，妳應該很辛苦吧？」我在精神健康醫學系磨練的時候，非常依賴教授，也接受過很多次教授的人生諮商，因此他非常了解我。那一瞬間我獲得了很大的安慰，想起過去的一段漫長歲月，在那段期間我忘記了「不需要那麼努力去得到所有人的喜愛」這一個課題。坦白說，我也曾經在很長的一段時間裡為了得到許多人的肯定、滿足許多人的期待付出了很多努力。

在與我擁有相似利害關係的少數人之間，或者像是醫生、患者一樣目的明確的關係中，「一直被喜愛」在某種程度上是可能的，當然，這也需要付出很多努力。但是如果建立關係的範圍擴大，或者處於做決策的位子上，我們就需要意識到自己不太可能得到所有人的認可和喜愛。

因為不管做出什麼樣的決定，都一定會造成某人的損失，進而引起不滿。或許找得到相關統計資料，需要和大眾溝通的政治人物或領導者中，很多都是共感能力較差的人。想要滿足得到所有人喜愛的這個欲望，就需要懷抱著「所有人都喜歡自己」的錯覺，並徹底忽視他人的要求和話語；或者是反其道而行，答應人們的各種要求並全盤處理。

不渴求所有人的喜愛並撫慰內心的方法

1. 相信自己，就算只有一個人安慰我也沒關係，只要可以和少數人分享心情、說出我的內心話，就已足夠。光是想著「不需要那麼努力去得到『所有』人的喜愛和認可」，就可以減輕一些肩膀上的壓力。
2. 記住每個人的立場都不同，因為各自的利害關係喜歡我、稱讚我的人可能會在某個瞬間突然指責我、說我的壞話。不要因為他人在那個瞬間的判斷而讓自己被牽著鼻子走，別人只是針對我的工作和角色稱讚或指責我，而不是因為我這個人。
3. 當別人令人不適的情緒湧進我的內心時，試著在一個安靜的地方專注於自己的身心吧。可以專注在吸氣和吐氣上，或者一邊呼吸新鮮空氣一邊散步，感受踩在土地上走路的感覺。就像是踏穩腳步站立一樣，對自己說：「我的心也會變得堅強。」、「現在的模樣已經很充分了。」

4. 感知情緒痛苦和身體痛苦的大腦部位很相似。在陷入情緒上的痛苦時，可以一邊觀察身體的反應，一邊刺激五官，例如聞好聞的香氣、欣賞柔和音色的演奏或歌曲、慢慢品嘗美食、用熱水泡半身浴放鬆身體等。你們可能會覺得「這些我都知道了」，但最重要的是反覆「實踐」這些對自己有幫助的事。

重複對方話語的力量

像鏡子一樣反射他人行為的神經網路「鏡像神經元」（Mirror Neuron）與共感能力有關，發現這個部位在科學史上具有劃時代的意義。我們可以感受、理解他人的情緒，並為此感到心痛都是多虧了鏡像神經元。腦科學家表示，我們大腦的組成是為了感知和理解彼此的情緒，只有在感到對方理解我的心情時，我們才能找到內心的安定。

請想想看當我們在安撫小孩的時候，我們會本能地模仿孩子說話或模仿他們的表情：

「媽媽，我口渴了！」

「哎呀，我的寶貝口渴了？想喝水嗎？」

「爸爸，螞蟻在慢慢地爬。」

「哇～螞蟻在爬喔，真的是螞蟻欸！」

這裡的關鍵在於真心對待孩子的話語和表情——跟孩子一起驚訝，反應得比孩子說的話還要誇張。除了因為小朋友實在是太可愛之外，很多父母在當下也會跟著一起感到新奇和開心，據說，孩子會在這個過程中形成安全型依附。以自體心理學（self psychology）聞名的心理分析師海因茨．寇哈特（Heinz Kohut）表示，如果孩子沒有得到扶養者的「反射行動（reflection）」（聽見對方的話並理解後，重新說出來的行為），長大後就會產生自我陶醉的自戀傾向。在和孩子溝通時，如果大人配合小朋友的情緒和語言，並比他們更強烈地反射出來，就可以連接彼此的情緒且感到快樂。雖然有時候一些因為兼顧工作和育兒而疲憊的父母會省略這個過程，或者對孩子的情緒特別遲鈍，但大多數的父母都會本能地做出反射行動，因為為人父母的本能，會想保護完全依賴於自己的孩子，且幼小、脆弱、有著圓圓的眼睛和臉蛋的孩子，容易引起我們的共感能力。但當小朋友逐漸長大成為青少年後，或是在成人之間的對話中，很難看到這種反射行動。

根據小時候和父母的關係所形成的關係模式，可以預測自己說的話被對方接受的程度，進而做出反應。如果從小是習慣於被拒絕的人，就會試著自己整頓情緒；習慣於總是要提高音量對方才會勉強傾聽的人，對於一點小事也會出現強烈的反應。

在現代社會中，很多人都認為想要「適應」社會，就必須在組織的工作效率上或其系統中，壓抑或隱藏自己的情緒。實際上也是如此，對於那些不太會袒露自己情緒、能夠快速完成目標工作、取得豐碩成果，以及更重視工作而非休假的人，社會普遍會給予他們獎勵並且更加尊敬他們。在這個一切都進入電子化的時代，一天二十四小時透過電話和訊息緊密聯繫之下，從容地照顧自己的情緒並不容易，空出時間去理解他人的心情更加困難。

難以產生共鳴時的處方箋

人們很容易以自己為標準去理解他人，因此我們比較容易對同一種族、同一性別、同一職業的人產生共鳴。想要理解不同種族、和自己完全不同的人，必須發揮更多的共感能力。

讓我們試著站在公務人員的立場上來看吧？比起經常踰矩、提出無理要求的民眾，我們應該更容易對被民眾折磨的職員感同身受。比起理解向下屬要求業績的上司立場，和處於差不多位子的同事聊天並一起責怪太過神經質的上司更加容易。我們不會時常在腦海中想起在地球另一頭受內戰之苦的難民，因此也不容易理解他們的困境。實際上，某個實驗透過ＶＲ讓參與者體驗了難民營，結果顯示，體驗過的人為難民提供了更多幫助。由此可知，我們很難對毫無共同點的關係產生同理心。

因為和對方的立場不同，沒有人願意努力為對方著想，就像雇主和工會、店員和客人、男生和女生一樣，每天都會發生選邊站的事情。

此時最有效的方法就是「反射行動」。我們有時候需要先確定最後的結論才能開始對話，最極端的例子應該就是與利用人質進行威脅的恐怖分子協商。在美國聯邦調查局（ＦＢＩ）工作數十年的談判專家克里斯．佛斯（Chris Voss）於談判中積極地運用「反射行動」，為了說服在一間公寓裡和警方對峙的多名逃犯，克里斯．佛斯使用的策略並不是脅迫或論述，他在鎖住的門前等了六個小時，重複地說：「看來你們真的很不想回監獄。」也就是推測逃犯的心理並原封不動地反射出來，他並沒有使用「你們現在被包圍了，要是你們不馬上出來，我就要強行逮捕你們」這種說出現實情況的「威逼」和「脅迫」。

就算不是和恐怖分子談判，我們也經常會在現實中遇到「我所擁有的結論」和「對方的要求」相差甚遠的情況。每天和許多人進行諮商的我也遇過這種狀況，儘管我非常理解諮商者的心情，也對他們的情況表示同感，但有時候他們會因為陷入妄想和幻聽中，提出非常不切實際的要求。有被害妄想症的J表示，為了找出欺負自己的特定人物，應該立刻去青瓦臺。妄想並不似我們想像的那樣，並不只是單純的天馬行空，而是擁有強烈且堅定的信念與堅持，因此很難透過一般的邏輯解決。從現實層面上來看，贊同他的妄想並幫助他去青瓦臺是不太可能的，再說已經有決定好的結論了，那就是不能中斷治療和出院。一直聽這種不可能做到的要求讓我感到非常痛苦，因為決定J事情的權限剛好在我身上，他就好像在說：「如果我因為沒辦法去青瓦臺而遭受損失，那都是妳害的！」

使用策略性同理心

假如H需要應對諮商者不斷提出違反規定的無理要求（假設已經確定H沒有權限且無法答應要求），此時他可能會採取以下策略：第一，堅定地拒絕並無視；第二，和諮商者一起生氣。不過這兩種方法都不會有太大的效果，如果諮商者是個很守規矩的人，一開始就不會提出無理的要求了，因此第一個方法不會有什麼效果；如果跟著諮商者一起生氣，通常也只會讓情況惡化到極點，諮商者會累積自己的不滿並表現出來，H則會覺得不停被強迫付出情緒勞動，對自己的工作感到幻滅。這個模式主要出現在立場一直不同的時候。

在這種情況下，克里斯．佛斯會採取「策略性同理心」的方法。他表示，就算在無法發自內心理解和感同身受的情況下，「反射行動」也有助於建立同理心。於是我靜靜地聽著J說一定要去青瓦臺，儘管那些話無法用邏輯輕易理解，我也沒有說「你絕對不能去」或「你那是在妄想」。J擁有無論如何都一定要去青瓦臺的迫切原因，但他沒辦法去，我努力理解J的這種情況，並試圖留在那份心情裡，然後開始原封不動地反射J的話：「原來你真的很想去青瓦臺。」、「原來你因為沒辦法去青瓦臺覺得很難受、很焦慮！」我盡量感受他的痛苦和難過並做出反射行動，在這個過程中，J自己說出：「我想了一下，我決定不要馬上去青瓦臺，應該要再等一下。」即使沒有強求或施壓，只要有人傾聽並反射自己的話，就會產生足以停止自己欲望的力量。

要自然而然地與自己建立連結的所有人產生共鳴，或者徹底理解他們，實際上是不可能的，即便是和我非常親近的家人或朋友也一樣。「我知道那些人的一切，當然可以理解所有事情！」這種狹義的想法反而會引起對方更大的誤會。因此為了避免自己在關係中受傷，如果對方越界要求或做出無理的答覆，我們可以試著使用「反射行為」做為「策略性同理心」的一個好方法。最終，當我們慢慢地傾聽對方的話語並做出反射行動，對方的怒火就會逐漸減少，讓我們備感艱辛的這段關係也會變得柔和。

反射對方話語的有效方法

機械性地模仿對方說話可能會招致反效果，你可能會得到這種回答：「你幹嘛像鸚鵡一樣學我說話？」、「你在耍我嗎？」因而覺得這個方法根本無效。我們不能原封不動地模仿對方說話，應該加入「原來如此」等詞來回應對方，或者轉換成較為溫和的話。

關鍵在於站在對方的立場並感受他的情緒，請在心裡面想著「的確有可能會那樣」，試著理解他吧！然後把這個心意放在話中表達出來。當有人表達出強烈情緒的時候，如果馬上給出回應，就會很容易跟著生氣。先休息一個節拍，試著理解對方的心情後，將同理的話語反覆傳達給對方，比起生氣，這個方法可以更有效地平息彼此的情緒。

如何消除過去令自己感到辛苦的事情

「我好想忘記那件事，但他總是一直提起當時，讓我好痛苦。」
「我怎麼能忘記那件事？當我真的需要老公的時候，他卻不在！」

這是我在伴侶諮商或家庭諮商時經常聽到的對話。雖然來的夫妻名字與面容都不同，但留在內心深處的失落都同樣沒有被消化，在他們接受諮商時，仍在持續傷害彼此。結婚後，理所當然會期望當自己疲憊難受時，留在自己身邊幫忙的人是配偶。如果是小時候，這個對象則會是主要扶養者媽媽或爸爸。當我們因為太辛苦而需要協助的時候，最愛的人不在身邊或者遭到對方拒絕，這種記憶會留下深刻的傷口。

A國小時曾經因為散漫而被老師過度訓斥了一番，還在教室外面罰站。雖然回家後和媽媽傾吐自己的委屈，但得到的回應卻是：「一定是你做錯了。」完全沒有得到任何人安慰的他，長大之後對於周圍人們的評價很敏感，就算有讓他感到辛苦的事情，A也不會跟任何人說，總是壓抑自己，這已經成為一種習慣，他在職場上的狀況也差不多。

我曾經待過的某間醫院每隔幾年會進行一次稽核，從稽核日的一年前起，所有的員工便開始承受著巨大的壓力，投入準備工作。整理和平常不同的文件、按照規定進行檢查等，這一系列的過程都和原來的業務截然不同，因此所有人都感到吃力。對於不習慣的事情，本來就很難預測業務量和處理所需的時間，在這個過程中，一定會有幾個人需要獨自處理突如其來的工作，此時如果無法獲得周圍任何人的幫助，獨自承擔困難的話，那件事就會成為一段可怕的回憶，就算最終圓滿落幕，那一瞬間的挫折感或「好像被獨自留下」的孤獨感等心情也會讓人產生「再也不想做那件事情」的想法。經歷過幾次類似的事情後，自然而然會產生「我的能力還不夠好」、「這個組織的體系太糟糕了」等念頭，進而導致想辭職或與他人保持距離。

令人無法忍受的被忽視的感覺

我是一位需要和許多諮商者見面的精神健康醫學專業醫生，也曾經帶領過小規模的組織，是一位管理者，當時除了要打理整個系統之外，還要安撫因為組織內部糾紛而感到疲憊的員工的心情。當職員們在和我對話的時候，我會讓他們說出與上司或同事之間的關係僵化時發生的事情以及當時感受到的情緒。很神奇的是，來找我的員工們第一句話都是：「我記不清楚具體情況，總之，〇〇醫生讓我好累，他好像不喜歡我，他都不理解我的心情！」或者「當時我覺得事情太不妥當了，感覺自己被忽視了，我的上司好像只討厭我。」如果靜靜地傾聽讓他們感到委屈的事件，有時候會發現事情其實已經合理地得到解決了。

在腦中強烈地經過並留下的，並不是合乎邏輯的處理方式或結果，而是當時感受到的「被忽視的心情」、「挫折感」、「不被對方尊重的感覺」等情緒。心理學家安道爾．圖威（Endel Tulving）將我們大腦所想起的記憶，分為情節記憶（episodic memory）和語義記憶（semantic memory）。

我們來回想一下背九九乘法表的時候吧。假如你抽空背誦老師教的九九乘法表，某一天到臺前背誦了五的倍數，這些記憶都屬於情節記憶。但是重複類似的過程之後，一開始背九九乘法表的記憶就會變得模糊，在某個瞬間從記憶裡消失，只留下「5×7＝35」的「語義記憶」。

情節記憶會像這樣逐漸轉變為語義記憶，這被稱為語義化（semanticised）。一開始對職場生活的一切感到陌生又辛苦，但經過

一、二年後，重複處理類似模式的工作並且越來越上手，這個過程就可以說是語義化。但是如果在某種情況下，產生了非常強烈的情緒，這個記憶就會創造一個「情緒記憶」特別空間，心理創傷的記憶就是在這種沒有整合的狀態下被原封不動地留了下來。

能夠推論才算安全

以睡眠醫學研究聞名的哈佛醫學院精神健康醫學教授羅伯・史提高德（Robert Stickgold）表示，所有的記憶都是從情節記憶開始；哈佛大學教授麗莎・費德曼・巴瑞特（Lisa Feldman Barrett）則表示，情節記憶對人來說之所以重要，是為了要「推論」。情節記憶通常要滿三、四歲才能形成，因為對情節記憶而言很重要的「海馬迴」成熟需要時間。

舉個例子，我們來想「大海」吧！因為每個人的情節記憶不同，所以想起來的事物也不同。有些人會想念大海，有些人則害怕大海。

我問了剛滿三歲想去海邊的兒子：「你為什麼喜歡大海？」兒子眼睛閃亮亮地說：「去海邊可以玩沙、可以看海浪，還可以玩水啊！」連這麼小的孩子都會把過去的經驗留在情節記憶裡並且進行推論。反之，如果曾經因為海上事故失去家人，大海應該會成為一個失去和哀悼的空間，一想起來就令人感到悲傷和心痛，因而不想常去海邊。

人際關係也是如此。有些人維持著大同小異的人際關係，並且曾經順利克服過很多次關係中的衝突，他們會將「人際關係」的記憶儲存在大腦中相對安全的範圍內。但是如果被強勢的人忽視，或者一起工作的期間感到很吃力，「恐懼」、「憤怒」、「挫折」等情緒就會被額外儲存，等到出現類似情況時，這些不適的情緒就會陸續被召喚出來。好的經驗能夠激勵自己再去嘗試，並且避開會引起不適情緒的關係，也就是說，「推論」也會影響人際關係地圖。如果從來沒有和誰建立過安穩的關係，人們就會為了自己的安全而選擇斷開關係或者孤立自己，因為這就是最佳的辦法。反之，如果只擁有大聲疾呼才能得到安慰的經驗，那麼當有人想離開自己時，這種人就會拚命地去纏住那個人，其原因在於，過去的記憶每天都在為自己繪製人際關係地圖。

每天一定要有安慰自己的時間

要「忘記」過去讓自己感到難受的事情，光靠決心是非常困難的，因為記憶不是用橡皮擦就可以擦掉的。打算刪去過往的事件時，我們需要在過去讓自己感到不適的類似情況下，創造和以前不同的經驗才能夠成功修改，並不需要是什麼厲害的其他事件，只是要讓自己覺得：「我沒有當時那麼痛苦了。」例如，如果有因為海上事故失去家人的經驗，那麼透過與安全可靠的人一起在海邊創造另一段愉快的經歷，就可以蓋掉那些痛苦的記憶。

如果因為工作上的人際關係使自己很辛苦而選擇離職，那麼換了一個工作，問題就會自動解決嗎？絕非如此，因為任何地方都有反派角色的存在。每個人都一定要慢慢了解在關係中受傷的情緒，並且自我安慰的過程。你不覺得越是說「就忽視它吧，不要再想了」，痛苦的情緒就越是湧上心頭嗎？我們應該回顧自己在哪些地方傷心、難過、生氣，並且承認自己有這些情緒。

之後我們才能開啟新的連結，只有可以建立起穩定又溫暖的關係時，才能淡化過去讓自己難受的關係創傷記憶。我和諮商者們一起慢慢審視他們在職場關係中所受的傷，並仔細觀察當時的情緒後，發現了一個共同點，那就是讓自己感到難受的情緒網羅：職場上司、欺負自己的朋友、小時候經常對自己發火的父親等，許多喚起類似情緒的過往記憶糾纏在一起。讓我們慢慢地回顧過去，並尋找解決現在關係問題的解答吧。

如果你在任何情況下，都會尊重我、傾聽我的心聲的話

很多因為憂鬱症或壓力過大而來諮商室的人，都經歷了人際關係的糾紛或被捲入了無謂的是非之中。「我的運氣好像太差了。」、「為什麼只有我發生這種事？」一類似的抱怨接連不斷。有憂鬱症的人會被什麼霉運纏上嗎？我們其實都知道答案絕對不是那樣，我想對各位說，絕對不是那個樣子。

通勤時，我在廣播節目裡聽到一段令人印象非常深刻的採訪，受訪者一輩子都在著名高級飯店的正門當門童，雖然已屆齡退休，但退

休後仍有其他飯店想挖角他，因此現在還在做同樣的工作。這種服務崗位需要在短時間內應對很多人，而且必須付出情緒勞動，可以說是一件很辛苦的工作。我經常在諮商室裡見到從事類似職業的諮商員或警衛，也和他們交談過，所以大概可以理解他們的辛勞。

主持人問他：「工作期間應該會發生很多讓你生氣或難過的事情，你是怎麼堅持過這麼長的歲月呢？」我忍不住豎起了耳朵，期待他講出數十年來的經驗秘訣，但他卻回答：「我認為這就只是我的工作。不管客人有多麼生氣，只要願意傾聽，大部分的人都會消氣。」原來秘訣就只是好好地應對自己和對方的情緒，我不禁拍膝讚嘆，這位受訪者雖然沒有額外學習心理學或具備系統性的理論知識，但他的身心已經被訓練得很好了。

如果有人對我發火、無視我，我當然會感到不開心，心裡怒火中燒，自然而然浮現「我是該被這樣輕視的人嗎」、「我就是因為在這種地方才會被輕視，應該馬上辭職才對」這些想法。當然，那些口出穢言的人理應受到法律上的懲罰，當自己適度提出主張卻陷入困境的時候，就應該請求體制上的幫助。

但是有些人對於他人的態度或情緒特別敏感。當有人生氣地大吼，而且不確定他是不是在自言自語時，廣播裡的受訪者認為「安撫對方是我的工作」、「這份工作讓我覺得很有成就感」，他會試著傾聽並平息對方的怒火，也許正是因為如此，他身為一名職業人士更向前成長了一步。當然也有和他相反的情況，那就是因對方的怒火而更加生氣，或者因而受傷。

廣播裡的受訪者是怎麼傾聽那些無理的人呢？「這是我的工作，是在我的工作崗位上發生的事情，與我的人格無關」，如果這個界線很明確，就能夠客觀地看待對方過激的舉止。在這種情況下，大部分的事情都可以克服，如果對方明顯越界了，那就可以請求身邊的上司或相關體制的幫忙。如此一來在職場上，工作的辛苦便不會過度侵犯到我們的私生活、使我們難受。

不擅長應對糾紛的人的特徵

特別不擅長應對外部糾紛的人有兩個特點。

第一，生理上與平時不同，處於疲憊狀態時。當我們睡得不好或因為其他煩惱而特別疲勞的時候，自然而然會變得偏執。實際上，根據睡眠學者馬修．沃克（Matthew Walker）教授的研究顯示，前一天沒有睡好的人，隔天無法判斷外部環境的刺激對自己是有益還是有害，只能把一切都歸結成有害。從進化論的觀點來看，這很有利於生存，因為當有點疲累的時候，防禦力可能會下降，如果把周圍的刺激大致上認知成安全的，被掠食者吃掉的可能性就很高，故必須先保持警惕。但現在並不是在森林裡採果過活的舊石器時代，我們每天都在人群當中生活，過度懷疑和警惕的態度一定會對工作造成影響；敏感的反應也會讓自己對於他人對待我們的方式感到很不自在，就像不知道是先有雞還是先有蛋一樣，令自己感到不適的事情不斷地發生。這與在開車的時候，雖然是別人先插車進來，卻因為自己先提高了嗓門而受到處罰的情況類似。

第二，無法區分外部刺激和內部刺激，也就是將對方的怒火和無禮的舉動認為是侮辱自己人格的行為。在職場上，有很多時候遇到的事情與自己的人格並沒有關聯，單純只是自己所在的崗位所導致。但是一旦覺得對方的怒火在攻擊自己的人格時，就會變得難以忍受，那件事情會一直留在心裡，直到下班後也無法忘記，甚至會覺得自己很無能又渺小。

在糾紛之中保護自己的方法

我們必須先顧好身體健康，要好好睡覺、吃飯和運動。這些看似理所當然，但光只是好好睡一覺，隔天就能發現難受的情緒稍微減少了一些。

還有必須把工作和個人分開，工作並不是我的人格，對方的指責和攻擊只不過是射在我工作崗位上的子彈，而不會鑽進我的心臟。結束工作後，我們必須脫下名為職場的外衣。此外，我們必須站在工作的角度來看待，才能客觀地解決事情。沒有人可以用笑臉面對輕視並攻擊自己的人，只是如果把工作和個人分開，就可以更加客觀、專業地看待對方的怒火，並找到解決問題的方向。

任何人的認可都無法成就我

「我對那個人的愛和尊重，是單純地針對他本身嗎？」

我們的生活從早到晚都是靠外界評價和認可來成就，在學校以成績、和朋友的關係為標準，而在職場則以人事考核和業績等被他人評價。遺憾的是，在夫妻關係或親子關係當中，也經常可以看到傾向重視外部條件的情況。

需要親近的人的關懷時

A患有伴隨著妄想的重度憂鬱症，目前正在接受精神科治療，他的症狀很嚴重，甚至無法好好地接受諮商。當心理上太過難受時，是很難用言語表達自己的情緒和想法的，他只能一邊服藥，一邊慢慢嘗試接受諮商治療，直到可以表達自己的心情為止。但是剛和他結婚不久的妻子卻心急如焚，唯恐A失去工作。雖然A目前正在休假，但妻子擔心如果因為治療延長休假，他可能會被解雇，萬一A失業了，只依賴A的家計一定會陷入很大的危機，所以妻子的心情也不是不能理解。但比起安慰A的心情並關心日見好轉的A，她反而更加擔心他是否能繼續工作，她時常會向我諮詢，問我A什麼時候可以復職，她的聲音聽起來非常緊張和焦慮。

L正在接受精神分裂症的治療，雖然他的病況還沒有完全好轉，但他想要接受治療的意志很堅定，值得一提的是，他甚至在抱病的狀態下，挑戰復職，努力取得各種證照。L的這個模樣帶給了很多患者勇氣，也鼓舞了他們。但L的母親有另一個煩惱，那就是她到目前為止都沒有跟親友說過L生病了。L母親的朋友們只知道L畢業於一所好大學，正在準備公務員考試。經常有很多人詢問L的事情，也有人提到要是L沒有交往對象，可以幫忙介紹。

L的母親在接受諮商時一度哽咽，說話含糊不清，「我在經濟上可以毫無顧慮地全力支持他，可他偏偏得到了這種病⋯⋯」

M夫婦因為嚴重的夫妻不和，正在接受診療，他們曾難過地說出以下的話：

「如果老公有很好的工作，他一定不會選擇像我這樣又醜又寒酸的人，他大概也在後悔吧。」

「老婆很明顯地是因為我賺得錢不夠多而輕視我。」

在社會上以外部條件獲得認可和評價被視為理所當然，所以我們在親密關係中，也會懷疑對方是用什麼眼光來看待自己的，並且感到焦慮。即使如此，卻還是連問也不敢問，因為如果那是事實，就會成為無法挽回的傷痛，所以實在無法開口，只能憋在心裡，獨自煎熬。

內心的自我滿足很重要

作家法蘭茲．卡夫卡（Franz Kafka）在他的短篇小說《變形記》中很貼切地表達出現代人的這種心情。有一天，主角葛雷戈醒來後變成了一隻害蟲，沾滿黏液的噁心軀幹上，纖細的腿無力地掙扎著，但是葛雷戈最先擔心的居然是怕錯過「上班時間」。獨自背負家計的葛雷戈一直以來做著辛苦又無趣的推銷員工作，就算自己的身體變成了可怕的害蟲，他最擔心的還是不能上班可能產生的後果，以及今後沒辦法工作的事實。

家人的情況也相同。葛雷戈身為這個家的兒子和哥哥，一直以來為了養活家人辛苦地工作，當他變成了可怕的害蟲，卻沒有一個家人試著積極幫助他或解決這個問題，反而擔心上司知道這件事，或者害怕新房客發現葛雷戈。此外，葛雷戈本來不僅想讓妹妹去讀音樂學校，也是唯一一個喜歡她的小提琴演奏並且深受感動的人，但不只是妹妹，他們全家人都把他當作真正的害蟲對待。在現實生活中也經常能看到小說裡的葛雷戈，「醫生，我的家人都無視於我。我也是家庭的一分子，但是因為我長期生病沒有在工作，所以沒有人願意聽我說話！」

最終，小說裡變成害蟲的葛雷戈被父親扔的蘋果砸中背部，逐漸死去。在現實生活中也經常可以看到因為家人的冷言冷語和指責而受傷的人，他們只能默默地獨自受折磨。就連應該要在身邊互相安慰的人，也會依職場、學歷、財力等條件進行評價、互相傷害，真的很令人惋惜。

我們經常會放錯優先順序，忘了自己的幸福、所愛之人的心情、自己與他們的關係才是最重要的。如果被外界的判斷所左右，有時候就會像葛雷戈的父親一樣，因為外在評價而做出傷害兒子的行為。為了保護自己和所愛的人，我們必須努力把判斷的標準從外部認可轉移到內在的滿足，如果把重點放在內在的幸福和滿足上，慢慢地鞏固自己的內心，我們就可以從冷酷的外界價值觀中變得自由一些。

透過書籍學習的關係課程

「爲了維持這種程度的人生。」

——《十九號房間》（*To Room Nineteen*，暫譯），
多麗絲．萊辛（Doris Lessing）著

兩性關係是大眾非常感興趣的一個主題。在社交媒體上，經常可以看到帥氣男女展示著親密日常生活的照片，有不少人一邊看著這些一邊想著，「只有我的生活過得這麼慘澹嗎？」

在作家多麗絲．萊辛的小說《十九號房間》中，蘇珊夫婦乍看之下是一對很理想的伴侶：擁有專業工作的先生、身為職業婦女的妻子以及四個孩子一同住在大都市裡。蘇珊打算等到孩子們長大後再復職，她說，「我擁有不管什麼時候都可以選出正確道路的直覺，從來沒有失誤過。」所以才能過著如此美好的人生：人人稱羨的工作、外表幹練又有能力的老公、位於大都市的房子、心愛的孩子們。

蘇珊認為她擁有這種程度的人生，應該要甘心樂意地延後她的職場生活，為家庭停留。

但我們可以用某個數值來量化一個人的人生和幸福嗎？如果想要達到可以說出「這種程度算是很幸福的人生了」，我需要擁有多少財力？我和配偶的工作又應該達到什麼水準呢？還有小孩應該生幾個比較適合？應該怎麼養育他們？如果大多數人都認為我的人生很不錯，我就應該感到幸福嗎？透過這個作品，反映出我們遇到的以下問題：

「妳的公婆是有錢人真好。」、「我如果是妳，一定沒有任何憂慮。」、「妳兒子考上了名門大學，那妳應該沒什麼好羨慕別人的吧。」諮商者在諮商室裡一邊嘆氣，一邊轉述身邊的人說的這些話。身邊的人都很羨慕我，但我為什麼這麼憂鬱？甚至會認為，我的內心這麼空虛難道是因為我身在福中不知福嗎？

在《十九號房間》故事中，有一天蘇珊發現了老公不忠。因為老公飄忽的雙眸，她才察覺到有一個女人望向老公的眼神與其相似，那是個好奇的眼神——好奇這名占據我喜悅的人，想和我分享什麼事。這對夫妻只是因為身邊的人都認同現在的選擇很完美，便感到安心，在堆砌起來的堅固城牆裡生活，他們是否逐漸失去了最重要的、只屬於兩人的愛情和信任？

因為我們是人，所以有想被愛、與人連結的欲望。但是當開始擔心「對方應該不會真的做出那種事吧」，或者以為能永遠長存的愛情消失時，我們就會很害怕受傷，所以大部分人都不願意去確認。「夫妻的關係本來就是這樣」、「別人也都是這樣生活的啊」、

「這樣的生活已經算很穩定了，如果小孩平安地長大，就應該要滿足吧」這些話並不會告訴我們現實——「配偶的心中早就沒有我的存在」、「雖然他和我住在一起，但他已經不再愛我了」，面對這種現實是一件很可怕的事情。我們遇到害怕的事情就會想先逃避，但是一直逃避也沒關係嗎？如果什麼都不做，內心的需求就會越藏越深，再加上冰凍的情感，心裡的愛似乎也消失了，因而變得更加空虛。

蘇珊為了撫慰空虛的心靈，決定在沒有人能找到她的簡陋飯店裡度過白天，隱密地享受著只有自己一個人的時間。此時，老公派人跟蹤蘇珊，最終查到了蘇珊所隱瞞的這件事。

已經出軌的老公理所當然猜測蘇珊也外遇了，錯愕的蘇珊一回答「對」，老公反而放下心來，甚至說出了自己外遇的事情，還提議四個人一起去約會。難以承受的瞬間迎面而來的時候，情緒的漩渦反而不會浮出水面，因為如果顯露了，自己可能就會崩潰，蘇珊的心底被堅硬外殼包裹著，看不見任何漩渦。之後，蘇珊在如今已經不再安全的飯店做了極端的選擇，不只長期堆砌的完美家庭城牆坍塌，最後照顧自己心靈的休息空間也消失，蘇珊或許是再也無法堅持下去了。

有一些諮商者花了很長的時間溫柔地、安靜地敲擊那個外殼並且脫下。為了自我防護而包裹住自己的防護罩宛如堅硬的堅果外殼，不容易顯露、一直被用力埋藏在心底的情緒可能會在某個瞬間爆發出來，就像蘇珊一樣。如果很難獨自將保管在內心深處金庫裡的脆弱情緒拿出來，就和身邊的幫手們一起小心地處理吧。其實光只是對可以帶給自己安全感的人傾訴，我們就能感覺被療癒了。

第 2 章

為了在微妙的關係拔河中保護自己

在他人和自身的界線內應該做的事情

為了減少傷害並且擁有堅硬的防護罩，我們必須充分了解自己。首先，要隨時確認目前的狀態；其次，要知道自己會在哪些地方承受很大的壓力。

我們身體偶爾會有疲倦和生病的時候，此時在壓力或糾紛面前會變得特別脆弱。人不可能完美無缺，因此俐落地處理這種狀況當然很困難。例如，你和家人之間發生衝突，就算是狀態好的時候，面對糾紛也已經很不容易了，狀態不好的時候，可以忍受的壓力程度更是大幅減小。「假設最佳狀態是一百，目前我的身心狀態是幾分呢？」只要思考一下這個問題，就可以判斷應該如何應對目前的情況，也就是判斷應該要現在解決問題，或是稍微推遲一下，等到狀態好轉的時候再做處理。除了確認當下的狀態之外，透過從頭到腳一一觀察身體感覺的「身體掃描（Body Scan）」，也可以審視身體的放鬆狀態。

檢視完自己的身體和情緒後，接著則是要了解自己在哪些地方承受很大的壓力。有些人會因為上司嚴厲的話語，有些人則會因為別人沒有任何反應而受傷。如果你知道答案，就可以幫助你應對相應的情況。

諮商者Y的個性很細心，做事很乾淨俐落。Y總是將周圍整理得很好，辦事也一絲不苟，他很難忍受身邊的人邋遢的樣子和失誤，所以總是很努力連他人的錯誤都靠自己彌補起來。Y平常很習慣幫別人隨意丟棄的垃圾做分類回收，也習慣幫忙做別人少做的業務，他覺得「先看到的人做就好啦」，身邊的人總是很感謝他，Y也隱約感到很自豪。有天Y突然發生了車禍，因為只是輕微的碰撞，所以只在醫院休息幾天後就開始上班了，但腰和肩膀依然很疼痛。那天辦公室格外髒亂，Y聽到同事說，辦公室因為Y不在變得好髒，他突然覺得很生氣，「只有我一個人會打掃嗎？」他感到很委屈。如果是Y平常的狀態，應該會一笑而過，快速整理乾淨，但那天他覺得同事們特別討厭，好像隱約在利用自己，推卸打掃的責任。這麼一想，他覺得自己在職場上好像被消耗殆盡了，平常和諧的關係開始出現分歧。在那個時候，組長突然大吼「已經過了繳交時間，怎麼還沒提交批准文件」，並生氣地走了出去。

停下、承認並照顧自己

Y感到很傷心，這段期間的努力好像被否認了，組長的指責好像完全在針對自己。現在Y的腦海中開始浮現總是過度幫忙他人業務的自己、對想利用自己的同事的憤怒，以及已經盡了全力，卻仍被上司指責而感到難過的記憶。下班之後，「他怎麼可以對我說那種話？」、「我為什麼要聽那種話？」這些想法仍然在腦海中盤旋，難以控制自己的心情。

當每個人承受了超過自己可以負荷的壓力時，很容易會被周圍所有大大小小的刺激影響而變得脆弱。此時，我們需要停止思考，回過頭來照顧自己的身心。我們必須承認在現在的狀態下，別人的話和情緒很容易進入自己的內心，只有承認，才可以輕鬆地建立起自己和他人的界線。

當覺得自己狀態不好的時候，最好將自身的狀態告訴他人，這很有幫助。「因為Y不在，辦公室變得好髒喔！」Y可以對講出這句話的人說：「我出了車禍，所以身體很不舒服，這陣子除了我的工作以外，之前我主動做的事情應該沒辦法做了。」最好不要抱持著「我的狀態這麼不好，大家應該會體諒我吧」或者「之前那段期間我已經盡力了，這次其他人會去做吧」等期待，因為每個人都在忙著處理自己的事情，很難再去細心地照顧到別人的情緒。

隱密而安靜的攻擊：煤氣燈效應

「我這一輩子都關注你一個人，你本來不是這樣的啊，你以前總是帶給我好運……」

「如果你離開了，我不知道我會做出什麼舉動。」

「你知道大家都在說你的壞話吧？你覺得會有人像我這麼關心你嗎？」

這些是在煤氣燈效應（Gaslighting，巧妙地操縱對方的心理或情況，讓對方懷疑自己，從而強化控制對方的行為）中經常可以聽到的話。人際關係的困難之處在於這種雙面的情感，如果有人同時說出：「我沒有你不行！你對我來說太重要了。」和「你要照我說的去做！」這樣互相衝突的話會怎麼樣？如果是真的很珍視我的人，就會認同原本的我、尊重我的情緒和想法；但是嘴上說很重要，卻巧妙地操縱對方，最終會讓對方陷入無力感和罪惡感之中。如果被「我非常需要你」這種容易深陷的甜言蜜語吸引，就會一邊因為難受的情緒而痛苦，一邊不知道到底該如何是好。因為獨自一個人行走在這個世上看起來太險惡了，所以「有人非常喜歡自己」成為了一個無法抗拒的誘惑。

煤氣燈效應的不健康狀態在親子之間、夫妻之間、情侶之間或朋友、職場關係中都有可能發生，具有這種影響力的人能巧妙地抓住對方的心，讓對方按照自己的意思行動，如果對方不照做就會承受巨大的罪惡感，無論是在有意識或無意識的狀態下。煤氣燈效應一詞源於派翠克．漢密爾頓（Patrick Hamilton）的劇作《煤氣燈下》，身為主角的妻子逐漸被丈夫情緒勒索的故事。丈夫為了偷寶石，偷偷上樓開了燈，那個時代的公寓只要在別處開燈，煤氣燈就會變暗，察覺到煤氣燈變暗的妻子告訴丈夫這件事，丈夫卻說是她搞錯了，羞辱她一番並無視她，於是妻子陷入了自我懷疑，反而更加依賴丈夫。

煤氣燈效應就是像故事中的丈夫那樣，巧妙地讓對方屈服於自己的加害者，與情緒上被控制的被害者之間的關係，這種關係模式在現代社會中也很常見，例如在情侶關係中，加害者過度干涉被害者的行動、話語、穿著等，如果被害者不照自己的意見行動，就會進行譴責。被害者慢慢地被支配，不知不覺開始按照加害者想要的方式去行動和感受，甚至只要沒有按照加害者的意思去做，就會承受巨大的罪惡感。

加害者的行動信號

煤氣燈效應在親子之間也很常見，在情緒上勒索子女的父母經常說的話如下：

「我最懂你了，你覺得還會有人像我這麼懂你嗎？」
「你知道我為了你花費多少心力吧？」

在關係非常緊密的戀人或家人之間，拒絕加害者的要求並不是一件簡單的事情，所以被害者變得越來越無力，不僅懷疑自己的能力和記憶，還會認為只有加害者才是唯一理解自己的人，因而更受控制。沒有實際經歷過這種情況的人很容易會說：「你怎麼會那樣被牽著鼻子走？應該要堅決地切斷關係啊。」英國的精神分析學家安東尼・貝特曼（Anthony Bateman）曾說，不能低估被情緒勒索的人的依賴性，在情緒被強烈約束的狀態下，他們就算因為對方而感到痛苦，也無法輕易斷絕關係。

不過加害者為什麼會做出那種行為呢？雖然每個情況有所不同，但大部分的加害者都有自戀傾向。他們會在人際關係中剝削他人，要求他人持續的尊敬和稱讚，雖然他們內部的情感欲望非常強烈，但很難被滿足，所以他們一直都很需要能滿足這種需求的人。那麼可能會有人覺得，「只要遠離那些人就可以了吧？」但這也不容易，因為當我們只是初次見面或者剛成為點頭之交時，沒辦法知道對方是否有自戀傾向，這些人在表面上看起來非常親切且具有魅力，他們會運用這種武器建立並形成關係，之後逐漸擴大自己的影響力。

爲什麼被煤氣燈效應的關係吸引？

我們也可以思考這個問題：「為什麼受害者會被這種不健康的關係吸引？」UCLA醫學精神科教授丹尼爾．席格說，我們會被容易重現的、熟悉的關係模式所吸引。簡單來說，與人建立關係就和騎腳踏車、演奏樂器等讓身體習慣的模式相似，即使不健康，但如果這段關係自己已經非常熟悉，就會很難抗拒這種誘惑。

諮商者K總是和不好的對象墜入愛河，儘管愛情的起初很熾熱，卻總是走向破裂。讓她墜入愛河的人，其共同點並不是外表、年齡、學歷或財產等條件，而是關係模式，K覺得透過煤氣燈效應巧妙地操控對方的人特別有魅力。雖然K每次都感受到了無法用言語形容的強烈吸引力，但經歷過幾次類似的結局後，她隱約意識到這種關係模式讓自己很痛苦。

依附理論把關係模式依類型做分類，研究兒童依附類型的瑪莉・安斯沃斯（Mary Ainsworth）等學者表示，不只是兒童，大人也可以分為安全型依附、逃避型依附、焦慮矛盾型依附等類型。小時候與人相處的方式在成年後也會反覆出現，其中非安全型依附者有時候會覺得外部的肯定比自己的內心更加重要，這種狀態很容易成為煤氣燈效應下的犧牲品。因此，如果和自己長期維持緊密關係的父母反而對自己施以煤氣燈效應，這種人在與好友或戀人之間的相處也可能出現類似的情況。

事實上，丹尼爾・席格等學者透過研究發現，如果從小遭到扶養者情緒上的忽視，大腦就無法認知到人際關係和相關經驗的價值，因而無法繪製出對自己有益的健康關係心靈地圖，在這種情況下，如果有人走近自己，強烈地給予安慰，我們就會像磁鐵一樣被那個人吸引，緊接著心靈被那個人所支配，受到煤氣燈效應的影響。從一開始就意識到自己正在遭受煤氣燈效應並不容易，但是在某個瞬間，會發覺自己越來越無力，經常在那個人面前覺得自己很悲慘，常常唯唯諾諾地向他道歉，才終於意識到這段關係怪怪的。

想擺脫煤氣燈效應，首先必須與加害者保持距離。為了避免讓自己的情緒受到過度刺激或受傷，應該像用橡膠包裹電線一樣，嚴實地保護自己，也就是維持適當的距離。我們需要拋棄想依賴誰或想守護誰的心，維持他人和自己的健康距離，也需要和那些總是悄悄進入我們的界線，試圖支配我們的人保持距離。

如果符合以下清單中的其中一項，就應該好好思考自己是否正在遭受煤氣燈效應。

☑不知道為什麼，我總是按照那個人的方式去做。
☑我曾經聽那個人對我說：「你太敏感了。」、「這就是你被小看的原因。」、「你就算被指責也要忍住。」、「我沒有說過那種話，是你自己幻想的吧。」
☑我經常為那個人的行為向身邊的人解釋。
☑我經常會在見那個人之前，檢查自己有沒有做錯什麼。
☑我怕被那個人威脅而說謊。
☑我比認識他之前更加沒有自信，無法好好享受生活。

所有人都是加害者，也是受害者

兄妹L和A在父親經營的中小企業工作，兩個人循序漸進地上經營課程並學習公司的業務，尤其L身為長男，負責主導公司的重要工作。由於L經常與合作企業相關人士進行非正式會議和聚會，導致他的健康狀況越來越差，最近的健康檢查報告結果顯示，L的肝指數偏高且為糖尿病前期，需要進行健康管理。儘管L已經不顧自己個人的時間和身體，為公司竭盡全力，他還是因為父親和妹妹似乎不認可自己的努力和付出而感到傷心。某一天，他對父親和妹妹大吼：「要是我不幫忙公司，公司的營運一定會出現很大的問題。」

A不喜歡L莽撞的個性，雖然L是上司和哥哥，但她還是會直言不諱。在諮商時，她還說過：「如果我是老大，應該可以把工作協調得更好，但我沒什麼發言權，讓我很難過。」A對於L過於依賴非正式活動這一點非常不滿意。L則覺得受阻的部分太多，很難施展自己的能力，於是正在計畫另開公司。

雖然L和A針對同一件事進行表述，但兩個人的視角卻截然不同，甚至讓人懷疑他們真的是經歷了同一件事嗎？就好像明明一起看海和拍照，一個人使用觀望遠處風景的遠景鏡頭，另一個人則使用聚焦於近處的短鏡頭一樣，雖然兩人拍的是同樣的風景，但一張照片是茫茫大海，另一張照片則包含了海邊的各種有趣風景。這無關於那一瞬間的感受、體驗，以及與人的交流，而是因為在記憶的過程中，進行了加工，所以才會出現這種現象。

在被問到「最近公司的工作怎麼樣？」的瞬間，沉睡在意識之下的記憶就會開始慢慢浮現，在進行回憶時的情緒和狀態也會影響記憶。

爲什麼我們會互相傷害

在過去的職場有一次許多部門一起去聚餐，P是個幽默風趣的人，很會逗大家開心。那天，P很認真地烤肉，坐在對面的同事突然說：「一邊吃一邊烤吧！」把肉遞了過來，P用烤肉的夾子接住然後吃下，直到這裡氣氛還是一如既往地和樂融融。幾天後，P回想起那天的聚餐表示，坐在對面的人把肉遞過來，自己不自覺就張開嘴「啊」一聲接著吃了，但吃完後突然覺得「我到底在幹嘛？」P不只講話好笑，還加上肢體動作，再次引發在場的人的笑聲，但坐在旁邊的我卻不記得有那種誇張的行為。究竟是P的記憶扭曲了？還是我的記憶扭曲了呢？至今我還是不知道，因為實在沒必要為了這種不怎麼重要的事情特別去問：「當時你那麼做了嗎？」我們回想經歷過的事，並在無意識中受到我想要的情緒和想法影響，然後自然地對腦海裡的記憶進行加工。

之前提到的L，他和自己認為最好的合作企業相關人士進行了會議，雖然並非正式，但那仍是為了公司業務的會面，卻遭到父親和妹妹的批評，L因而感到很失落，於是他變得很在意家人有多麼看不起自己。L回想起一件件瑣碎的事情，彷彿成為了「失落」的代言人。A則是認為哥哥的工作能力不夠好，她一想到哥哥單純只是因為身為家中的長子便擔任了高職位，就覺得很生氣，因此A總是把注意力放在比較哥哥有多無能和自己多有能力上面。兩個人都可以說是在關係中受傷的受害者。

如果分別站在兩人的角度來看待事情，所有人都會是受害者。意思是加害者在扮演受害者嗎？不是的。隨著立場的不同，每個人都可能是受害者，我也有可能在不知不覺中成為加害者，我們就像這樣彼此傷害。英國精神分析學者彼得．馮納吉表示，迴避型兒童在小時候沒有充分得到父母的關心和反應，在同儕之間會出現試圖控制和欺負其他小孩的行為，最終家庭裡的依附模式和傷痛被延續下去。我們每天都可能會在不知不覺間把以前在某個地方受到的傷害，施加到他人身上。

我可以堅持到什麼時候

韓國成語「易地思之」，是人們在發生摩擦時經常引用的話，意思是換位思考。如果站在對方的立場上思考，就會理解原本無法理解的部分，進而輕鬆地解決問題。但如果把這句話套用在實際人際關係的糾紛中，就只能算是一半對、一半錯，誤用換位思考，可能會成為倚老賣老，每個人直接經歷並記住的「過去」一定都不一樣。

假設你在一個很累的部隊接受訓練，雖然訓練累得要命，但是成果很好，因而得到肯定，部隊隊員之間的友情也變得很深厚，這種情況下就可以適用「苦盡甘來」或「創傷後成長」等概念，即使過程很艱辛，只要結果是美好的，我們的記憶中就會留下「成功的經驗談」。但並非所有人都一模一樣，如果在同樣的訓練過程中，只有我受了重傷，或者與同事之間嚴重分歧，而且還沒得到解決訓練就結束了，那麼這段訓練就會成為一段辛苦的經驗伴隨我的一生，光是想像類似的情況，就令人想要逃避。每個人的記憶會根據「我是否經歷了很痛苦的情況、最後是否圓滿結束」留下非常不同的印象。

我們的記憶系統

心理學理論中有一個「峰終定律」（Peak-end Effect），在一段時間內，人留下的記憶約是最後和高點的平均值。在旅遊套裝行程中，最好的住宿和最好吃的餐點會安排在最後一天，這可以說是最符合峰終定律的一個策略，因為如果在最後一天睡得很舒適並吃到豐盛的美食，人們很容易就會把這次旅行評價為非常愉快。仔細回想起來，無論是一、兩天的短途旅行，還是一個月以上的長途旅行，讓我記住的瞬間好像都是印象深刻的地點和最後一天，所以對我來說，目前最糟糕的一次旅行就是全家一起出國玩的時候，因為孩子發高燒而不得不緊急改變行程回國，即使那次也有許多愉快、有趣的回憶，但現在回想起那一刻，我仍然感受得到肩上背負的壓力和緊張感。

我們的「記憶系統」很有效率，不會把經歷的所有事情都留在腦海裡。如果說旅行有小插曲，記憶系統就會儲存小插曲的亮點和旅行的最後，這裡的亮點是指如果有程度相似的愉快和不愉快的事，後者在記憶中占據的比例會更多，因為從進化論的觀點上來看，比起長久記住愉快和幸福時刻，長久記住不愉快、煩躁、累得要死的時刻比較有利於生存。這也可以適用於人際關係，而且整理這種關係的方式也因人而異。

H不管是在家還是在公司都很體貼別人。夫妻關係不好且患有嚴重憂鬱症的母親總是向H訴苦，H則會傾聽母親訴說。H總是提早到公司上班且負責了很困難的工作，他的勤勉得到了大家的肯定。有時候他也會覺得承接母親的情緒很吃力，或是因為常常要小聰明的同事而感到很辛苦，但是他很努力地試著無視這些難受的情緒。有一天，他終於鼓起勇氣對那個總是過度拖欠工作、他已經忍了很久的同事說出了自己的想法，但那位同事卻像作賊喊捉賊似的，非常生氣地表示他很難過。周圍的人也表示Ｈ應該像往常一樣理解他，大家希望Ｈ像他一直以來那樣，單方面地去理解和包容。Ｈ不認同自己的情緒，只承受他人的情緒，依靠他們的稱讚勉強堅持過來，最終到達了極限。他在諮商室裡回想那個瞬間，突然流下了眼淚，我和他一起檢視了沉睡在眼淚底下的情緒，發現其中有憤怒、傷心、難過、孤單等，這段期間他的情感一直被壓抑著，終於一次爆發。

情緒沒有被分化的狀態

我們在人生中會感受到悲傷、喜悅、幸福、孤單、憤怒、煩躁等很多情感，卡爾．榮格（Carl G. Jung）表示「這種情緒會分化」，一大塊情緒可以用許多小而細緻的情緒表現出來。例如，一名諮商者在諮商室裡說，他在某個瞬間心裡有點不舒服，如果回到那個瞬間並停留在那一刻，專注在那個情緒上，那份不適感有時候就會擴張成難過、焦慮、恐懼、孤單等，也就是情緒可以被細部分化。如果想要像這樣自己感受到情緒的細部分化，從小就得要有人能幫忙反射自己的情緒。當小孩看到花說：「哇，好漂亮。」家長就應該在旁邊說：「哇，對欸！真的好漂亮！」當小孩跌倒了說：「腳好痛，我流血了。」家長就應該說：「跌倒腳很痛喔，你一定很痛，趕快擦藥吧。你會害怕嗎？」這就是前面也有提到的「反射行動」，宛如照鏡子般重複說對方的話，關鍵在於把對方的話和行為用稍微誇張一點的方式表現出來。

但如果家長沒有幫忙做反射行動，反而說：「你現在還有心情看花？你還是去讀書吧。」或者「又沒有受什麼傷，趕快拍一拍站起來！你應該要堅強地克服，不要哭。」阻斷孩子的情緒，孩子就會從小壓抑情緒的表達，認為感受或訴說情感是一件不好的事情。再舉一個更簡單的例子，蓋房子的時候，每個房間都要安裝電燈，如果提前配置好電線，安裝電燈就會變得很容易，只要把線拉出來連接就可以了，我們可以把這種情況當成是情緒線很發達，只要有人稍微幫忙，就可以表達出情緒並得到幫助。但是如果一開始建造時，每個房間都漏掉了可以連接的電線呢？這可象徵從小習慣於壓抑和阻斷情緒的情況，此時我們需要重新開始配置電線的工程，而將在深處的電線重新拉出來連接並不是一件簡單的工作。

情緒表達能力較差的孩子長大之後

心理學家瑪莉．安斯沃斯與精神分析家約翰．鮑比（John Bowlby）一起進行了依附研究。在陌生的環境中分離母親和小孩，再讓他們重聚，依據他們的反應分成不同類型。透過研究發現，嬰兒時期的依附類型絕大部分會持續到成年以後。

嬰兒的依附類型	大人的依附類型
安全型 明顯喜歡父母勝過陌生人，而且也喜歡親密的肢體接觸。在分離實驗中，與父母重聚時感到很開心。	**安全型** 關係很穩定，有關依附的經驗具有一致性。
逃避型 與父母分離時不會哭泣，重聚時無視或避開父母。在實驗期間專注玩遊戲，對父母並沒有情緒化的反應。	**排除型** 無視或拒絕有關依附的經驗或關係，對過去表現得很普通或模糊。
抗拒型、矛盾型 從與父母分離之前就開始很警惕周遭，幾乎不會對外探索。與父母重聚時，很難鎮靜下來，注意力全在父母身上並一直哭泣。	**焦慮型** 執著於過去的依附關係或經驗，說話時看起來很生氣或害怕。表達有過度冗長的傾向。
混亂型 與父母在一起時也表現出很混亂的樣子，會大聲哭嚎或者迴避視線，表現得很依賴父母。	**混亂型** 在說到失去和虐待的話題時，表現出很混亂的樣子。

而透過阻斷情緒或壓抑情緒的方式長大，這種情況被稱為「萎縮型依附」，這種類型不善於在人際關係中表達自我，發生衝突時，傾向用壓抑自己情緒的方式來應對。

H就是如此，因為他無法回顧自己內心細緻的情緒，所以很難解決問題。你可能會問：「我都已經長大成人了，你是要我怎麼做？」依附類型並不是完全固定的，而是一種傾向。依附理論的始祖約翰·鮑比也說，依附具有「可能發生變化」的特點，是一種運作模式（working model）。就算無法從小開始好好地觀察自己的情緒，也沒有得到誰的支持，長大後只要持續和能夠溫暖安慰自己的人維持良好的關係，就可以改變依附類型。如果很難與戀人、親友等建立穩定的關係，透過與精神科醫生或心理諮商師的治療關係，也可以改變依附類型。

如果情緒線過熱的話

A的個性很細膩且敏感，他的共感能力很強，所以很多人會向A訴苦並得到安慰。但有很多時候，A覺得越來越疲憊和倦怠，因為每當有人來找他訴苦和傾吐難處的時候，A都會當成是自己的事情一樣傾聽並想辦法幫忙解決，而消耗了許多能量。如果是在保持適當距離的狀態下傾聽別人的事情的話，那倒還好，但他最近升上科長，情況變得更加困難。他覺得隨著需要管理的下屬增加，工作量似乎也像下屬人數一樣增加了。如果有人說自己很辛苦，A經常就會因為無法拒絕而承擔起更多工作，好像員工覺得累都是他自己的錯，然而上司不僅沒有體諒俐落地完成工作，而且一點也沒有露出不滿的A，反而還當作是應該的，把更多工作交給A。

A不擅長保護自己的情緒，他忙著包容和承擔他人的情緒而無法照顧到自己的內心。雖然當他傾聽別人的心事時，聽到別人對他說：「果然只有你理解我的心情。」A會覺得很滿足、很有成就感，但越是這樣，他的內心就越空虛，有時甚至覺得自己就像一個情緒垃圾桶。用建築來比喻的話，電線沒有確實地用橡膠包裹，就會容易漏電，我們只希望電力通過必要的部分，但有時候卻在不必要的部分漏電，造成浪費。

精神分析師海曼・斯波特尼茲（Hyman Spotnitz）用絕緣（insulation）的概念解釋了情緒過於細膩而較容易受他人影響的狀態，適當的絕緣就好像有效率地在建築物裡分配電力。雖然緊緊地包裹起來能夠保護情緒，但如果阻斷所有讓自己感到不適的情緒，就會變得太孤單；反之，如果連一個絕緣體都沒有，電力就會被浪費而無法被妥當使用。

被情緒化的人影響時

因人際關係而受傷的情況大致上可以分為以下三種：

1. 情緒線沒有細部分化，因此無法感受到細膩的情緒，大多時候只感受到憤怒和煩躁。
2. 情緒線過於敏感，因而被外部情況左右。
3. 被情緒化的人影響而受傷。

第三種情況較單純，即使個人處於健康的心理狀態、可以區分自己和他人的情緒，也還是可能受到身邊不成熟且情緒化的上司或親友影響。而情緒分化與情緒化有點不同。能夠掌握自己的情緒並且體諒別人，可以說是情緒有被好好地分化；但是當感覺不太到自己的情緒時，很多時候就會變得很情緒化。也就是說，當無法區分自己是開心、難過或孤單時，就會用憤怒、生氣或煩躁來表達，這些情緒大多具有攻擊性，對他人有害。

根據依附理論研究學者兼以色列賴赫曼大學教授馬里奧・米庫林瑟（Mario Mikulincer）等人的研究顯示，當組織領袖或上司是情緒分化得不好的不穩定類型時，組織成員就容易畏縮、信心下降。因此，如果我的所屬組織內部有人讓別人格外辛苦，那麼不管自己再怎麼努力，都可能無法阻止嚴重的語言或肢體暴力。此時，與那個人或組織切斷連結或許是唯一的答案。但陷阱是，這個世上沒有所謂完美的組織，如果一群很明顯像是精神病患的人聚在一起，和他們斷絕關係相較之下非常簡單，但是像這樣可以一下子區分清楚的情況很少。每次浮現「我沒有問題，是這個組織和那個人的問題！」的想法時，便馬上斷開了關係，最後卻導致人際關係逐漸萎縮，而且常常在換工作，此時就應該要思考，「我的情緒線是不是太敏感了？」、「我的情緒線是不是沒有分化好？」因為斷絕關係並不是唯一的答案。我們需要掌握自己能接受的不適情況以及自己的情緒程度，決定自己的心情界線。

感受不太到情緒時

在組織中被評價為勤奮、責任感強的人當中，許多人都感受不太到情緒，他們會默默完成自己的工作，在完成辛苦工作的期間，持續壓抑自己。但被壓抑的情緒不斷累積，難免會在某個節點爆發，且通常伴隨著慢性頭痛、身體不適或突然暴怒等。有時候會為了逃避身體的不適感或煩躁、生氣的情緒，更加埋頭工作、不斷操勞身體，最後可能會在某個瞬間突然辭職，就像綳緊的繩子突然斷裂一樣，斷絕所有的人際關係。平常不怎麼表達自己的辛苦，卻突然在某天遞辭呈的人就是屬於這種類型。一直埋首於工作的人突然決定辭職，就算有很多人鼓勵、說服他留下也沒有用，因為氣球已經膨脹到快爆破的地步了。

一邊操勞自己一邊工作，最終身體出現問題，或者直到自己重視的親密關係破裂後，才意識到好像有什麼不對勁，在這種情況下，我們平時就需要好好觀察自己的身心。經常生病或出現皮膚炎、頭痛等身體上的症狀，可能就是身體受到壓力所發出的信號，若長期處於慢性壓力下，我們的身體就會出現免疫功能問題，很難控制症狀。如果很難馬上察覺自己的情緒，那就留意身體發出的訊息吧！並同時仔細地觀察自己的心情，珍惜與重視的人的關係。若你覺得自己的人際關係都斷掉了，身邊只剩下工作上認識的人，那麼與和工作無關的人見面或開始培養簡單的興趣也會有所幫助。突然開始新的活動會讓自己感到負擔的話，也可以接受心理諮商等專家的協助。一個一個慢慢地實踐，就可以擺脫排除情緒、只朝著目標工作的模式，更加熟悉自己的內心和身體。

情緒線太敏感而捲進周圍情況時

容易受到周圍情況或身邊他人影響的人，需要一個像包裹電線的橡膠絕緣體一樣保護自己情緒的防護罩，也需要更明確地區分自己可以做和不可以做的，因為如果承受太多他人的情緒，很多時候就會忽略自己的。

當上司提出緊急的專案時，A看到組員們猶豫不決、感到負擔的樣子，便自告奮勇挑起工作，因為他無法忍受看到同事們辛苦的模樣。A認為只要他以身作則，團隊合作就會變好，所以他總是承擔了很多工作。人們隱約期待A能處理好困難的工作，不知道從何時開始把他的行為當成是理所當然，A無法辜負他人的期待，因為A能理解他們的情緒，所以更難拒絕他們的要求。也就是說，A處於沒有分離自己和他人情緒的狀態，在這種情況下，更應該積極地保護自己的情緒。

我們也需要練習講出「我沒辦法」。我們應該要知道，如果有人因為我的拒絕而不高興或討厭我，那也只是那個人的情緒，我不需要為此負責。像這樣慢慢練習，就不會被捲入周圍的氣氛中。

不要回頭

在希臘神話中，奧菲斯擁有超凡脫俗的音樂天賦，據說他的歌曲和演奏優美到不只動物，連樹木和岩石都隨之起舞。奧菲斯對他的妻子尤麗狄絲一見鍾情，雖然他們順利結婚了，但妻子卻遭到毒蛇咬死。忘不了妻子的奧菲斯跑到地底下尋找她，守護地獄之河的船夫答應要幫助他們一同回到人世，但是有一個條件，那就是兩個人都不能在回去的路上回頭看。奧菲斯在快走到通往世間的門之際，突然感覺好像聽不到尤麗狄絲的腳步聲，於是忍不住焦慮地回頭看，很遺憾地，她就在那個瞬間再次消失於地底。

奧菲斯的故事至今仍持續以歌劇的形式演出，這個故事之所以這麼引人入勝也許是因為其與現代人的內心有很多相似之處。「回頭一看，心愛的妻子就會消失」這個故事象徵的意義是什麼呢？為了和心愛的人一起在現實世界幸福地生活，「絕對不能回頭看」，這或許就是要奧菲斯不要去想妻子在地獄中的模樣、不要去想妻子是否有跟上來，以及不要確認自己走了多遠的意思。

當擔憂變成了毒藥

當我們走在路上時，為什麼會回頭看？人生中什麼時候會想起過去？現在的模樣讓自己感到焦慮時、對於至今的人生軌跡沒有信心時，尤其是對他人的信任動搖時，我們就會回頭看。「妻子真的有好好跟上來嗎？」、「她會不會累？」、「她是不是想留在這裡，並不想和我在一起？」、「沒有聽到她的腳步聲欸，難道她沒有跟上來？」這種焦慮、懷疑、擔憂最終成為了毒藥，這就是故事的象徵意義。

J由於夫妻之間爭吵不斷，最近甚至連跟兒子的關係也變得不好，於是前來諮商，他抱怨道：

「雖然跟兒子的問題也是這樣，但我和老婆對話的時候總覺得自己落入了陷阱。都是很久以前的事了，但她每句話都還是會提起那些以前的事，我覺得心裡煩悶，對她吼了一句，到底要說那些事情說到什麼時候？」

生活中有許多讓我們感到辛苦的事情，但是仔細想想，非常痛苦和難受的瞬間大多都伴隨著對某人的失望、背叛感、憤怒等情緒，那些人通常都和我們有著重要的關係，例如父母、兄弟姊妹、配偶、好友、信賴的上司或同事們。本來以為已經忘記了，而且現在過得很好，但只要一想起某個線索，我們就會再次喚醒那些記憶。夫妻諮商中最常被喚起的主題就是有關生育的問題，生產的時候老公不在身邊，也就是說，最脆弱時的需求被辜負了。

有一個關於「成人依附」的面談技巧，那就是為了了解小時候是否有形成依附關係而提出的一連串的問題。當被問到感到孤單或疲憊時，是否曾經得到誰的安慰，很多諮商者會突然陷入沉默並低頭，不久眼眶泛紅地說：「這麼一想，從來沒有人安慰過我，我都是一個人哭泣並忍了下來。」無法和他人建立堅固的依附關係時，很容易會在人際關係中互相傷害。當我或諮商者提起很久以前曾經感到失落的回憶時，所有人都一樣，他們會大喊：「拜託不要再提了！那件事到底要說到什麼時候？」這或許就是奧菲斯回頭看的時刻。

就像回頭的那個瞬間，心愛的妻子就會消失在地下一樣，我們在喚起過去感到失落的回憶時，與對方的關係就會破裂。「拜託你忘記過去的事情吧！」人們很容易把這句話說出口，但如果忘記過去、不回頭看是一件很簡單的事情，那麼這個元素就不會那麼常出現在神話和藝術作品裡了。

我們為什麼總是在某個節點想起同一個場景呢？讓我們來套用「同時被活化的神經會互相連結」的赫布定律（Hebb's rule）[4]吧！想要被親密對象安慰卻未能得到的時刻是很焦慮又難受的，這是因為那種情境與背叛感和挫折感連接在一起。

當J看起來疲憊不堪時，那副模樣在J的妻子眼裡，與突然離開家裡、離開自己身邊的J的模樣重疊在一起，其實她想說的是「不要離開，留在我身邊吧」，但當變得焦慮和敏感時，根本無法向對方溫柔地說話，先脫口而出的反而是：「好啊，你又要離開我？你知道那時候我有多辛苦嗎？」

4. 又稱赫布理論、赫布假說、細胞結集理論等，當A、B兩個神經元同時被刺激而放電，兩者的突觸連結就會增強，因此之後A神經元單獨受到外界刺激時，A神經元會同時活化B神經元，以致於同步產生A、B兩種反應。

爲了不再回首過去

那麼我們要怎麼做才能不再回首過去呢？過去的傷心、痛苦、挫折感、背叛感，只有在現在解決這些情緒並得到充分安慰，才能淡化。A從很久以前就被父親毆打，為了這個回憶感到痛苦不堪，但是他的父親卻全然不記得。兩個人一起接受諮商後，父親真心地向A道歉，A才終於和父親重新建立關係。不過實際上，和帶給自己傷害的人進行真誠的對話並不是一件容易的事。

此時可以採取的方法就是梳理自己的情緒，空出屬於自己的時間，在內心平靜的狀態下，把回想起的難受記憶用文字寫下來。茫然地從腦海裡浮現的情緒很可能是雜亂無章的，就像損壞的影片一樣，傷心和生氣的場景不斷在腦中循環播放，毫無修飾的情緒湧出，讓自己感到痛苦。但是透過文字表達，可以讓這些情緒變得更溫和一點。

尤金・歐尼爾（Eugene O'Neill）以劇作《長夜漫漫路遙遙》治癒了家庭帶來的傷害，他透過戲劇敘述家裡發生的事情，撫慰自己心裡的傷痛。按照時間順序回想，整理自己的情緒線，就能夠明白自己的情感，以及為什麼會有那樣的想法。

與留在心裡的傷口劃清界線

A從地方大學畢業後，進入了人人都想去的大企業工作，最近正值很難就業的時期，A找到這份工作無疑是家族的一大榮耀。他懷抱著激動的心情，在公司附近租了一間套房，展開了職場生活，但他與同事相處卻常常怯場。大部分的同事都畢業於首爾的大學、住在父母家、上下班通勤，因此A覺得他們和獨自居住、生活開銷很大的自己不一樣。他們時常談論名牌，或者同校校友會聚在一起聊天，A看著這幅情景，覺得自己成為了邊緣人，於是假日待在家裡的時間越來越長，變得越來越憂鬱。

「〇〇大學畢業的人工作做得比較慢。」

「你的故鄉在○○吧？不管怎樣，氣氛一定跟這裡不一樣！」
「這裡只有女生職員，你一個男生有辦法適應嗎？」
「不管怎樣，最近的年輕人和以前不一樣了，都不知道現在有多麼輕鬆。」

當心裡難受的時候，每個人都會有想要責怪他人的衝動，很想說一句：「我和你不一樣，這是你的問題，不是我的。」因為如果大家都認為所有人都一樣、都是同一個人格體，那麼任誰都可能會遇到同樣的問題，並非特例；但是如果分成A和B組，「我是A組，這個明明就是B組的問題」，以這種方式思考，心裡會舒服很多，也比較容易拉攏別人站到自己這一邊。用一個特徵劃分A和B，如果A是極少數，正好會變成邊緣人，尤其是在容易受到他人的視線或同儕壓力影響的青少年之間，這種事情很常見。在諮商時，有不少人提到學生時期轉學後，由於腔調和文化的不同，很難交到朋友而感到孤單。

大人的情況也相同。我就讀的醫大位於鄉下的大城市，幾乎所有在校生都是當地的學生，畢業後大部分都會到醫大附屬醫院實習。因為幾乎所有人都是學長姊和學弟妹的關係，所以環境非常封閉，要是偶然來了一位其他大學的實習醫生，那個人就很容易會因為一點小事被說閒話。也就是說，大人也無法脫離拉幫結派。在職場上，上司們偶爾會感嘆道：「工作處理得這麼不好就是因為新進員工是年輕的MZ世代[5]，所以無法適應工作。」

擺脫小團體的方法

如果把問題對象放進某個團體裡貼上標籤並和自己區分開來，自己就能擺脫這個責任。

新進員工適應不良，工作也很難上手，上司應該從各個方面關心那位員工是否熟悉業務內容、培訓是否進行得順利、和其他同事的關係如何等等。有關新進員工的工作責任很容易歸屬到部門的負責人身上，但是有一個可以逃避這個責任的簡單方法，那就是貼上「因為她是職業婦女」或「因為他畢業於〇〇大學」等標籤。

我們的社會對少數族群和弱勢族群非常不寬容，國外的情形也一樣。美國和歐洲有很多移民，而根據各種研究結果顯示，移民的心理健康很容易變脆弱。如果我屬於少數族群，該怎麼保護自己的心靈不受傷害呢？

首先，當對方以我的外部條件為藉口挑起是非時，我應該要看到其背後的意思。「他是因為我在鄉下長大而輕視我嗎？」、「他是

5. 由一九八一年至一九九六年之間出生的「M世代（Millennials）」，與一九九七年至二〇一〇年之間出生的「Z世代（Generation Z）」複合的詞彙。

因為我們學校的校友不多而排擠我嗎？」我們沒有必要這麼想，我們可以理解成，想以外部條件搞小團體的人都很焦慮，而且覺得自己需要一個歸屬，他們的表現正是最好的證明。如果覺得談論「學校背景」很侮辱人格而跟著對方一起生氣，只會讓自己吃虧，請淡然地忽視他，把工作和個人區分開來。如果對方當面指責我或者直接說出意見，那麼我們只需要談論並接受有建設性的部分即可。然而，喜歡搞小團體的人通常傾向在沒有當事人的場合說話，我們應該本能地遠離那些人，因為他們的標準隨時都有可能改變，自己或許會成為他們下一個談論的對象，沒有必要因為害怕成為小團體下的犧牲品就硬著頭皮加入他們。

之前提到的A為了融入同事們，不僅努力去了解他不感興趣的名牌手錶和包包等，還存錢買了那些商品。但是為了融入不認可自己原本模樣的那些人所付出的努力，難免會讓他覺得空虛。認同並尊重自己原本模樣的人就算只有一個也好，和那個人建立起長久的關係，讓內心變得堅強吧。請向自己保證，身邊的傳聞和小團體都無法侵犯我的內心，不要忘記，內心的重心完全取決於自己。擺脫周圍的耳語或他人的視線，更加專注於目前的工作或價值，內心就會逐漸變得堅強。

在一同走過的路上留下連結的腳印

有什麼好方法可以緩解拘謹、尷尬的關係？

「解開那段期間的誤會，開誠布公地好好談談吧」，如果像這樣安排好正式的談話機會，大部分的人都會感到很有負擔。尷尬的對話只要進行一、兩次，注意力就會放在實際的關係上，成為了「辯論」而不是對話，或者成為長輩給予的「建議」。從長輩的立場來看，沉默很尷尬，所以只能一直說話；從聽者的立場來看，那些話聽起來就像是嘮叨，因而形成了惡性循環。此時一起散步就是一個很好的替代方案。

弗朗辛．夏皮羅（Francine Shapiro）發現了可以透過眼球運動調節大腦功能的ＥＭＤＲ療法（往兩側滾動眼球來治療過去創傷的方法）。夏皮羅博士有一個習慣，她每次生氣時就會去散步，偶然之間發現讓眼球往眼睛兩側移動，那一瞬間讓她感到很安心。這個方法對於忘掉難過又痛苦的記憶很有效果，是一個很有名的創傷療法。

EMDR療法的進行方式相對簡單，將不好的情緒從打擊程度低的開始，一個一個喚醒，在閉眼或睜眼的狀態下，反覆讓眼球來回左右兩側幾分鐘。休息一下後，重新回想一下那個情緒，再次重複一到兩次。已經整理好痛苦的情緒後，再喚醒下一個程度的情緒。但是突然想起有關創傷的回憶，可能會有被擊潰的風險，因此一定要在專家陪同之下進行。

據說，雙腳交叉走路、交叉拍打膝蓋或肩膀的行為也有和此療法類似的效果。

當沉默難以忍受時

孩子們本能地知道緩解尷尬關係的方法。互不相識的孩子只要在遊樂場見面，就會圍著彼此坐下詢問名字和年紀，但是他們並不會問到住家或學校。小朋友們只要見面就會一起跑、一起跳，透過活動身體來交朋友，然後自然而然地混熟，因此精神分析學家溫尼考特（Winnicott）很強調遊戲的重要性。大人的人際關係也是大同小異，我們非常熟悉透過語言或文字互相溝通和交換資訊，因此很容易覺得語言就是人際關係的絕大部分。

與人好好地溝通真的不容易，而且人們通常很怕沉默，所以在一起的時候就算沉默也不會感到尷尬的關係，通常被稱為相處起來很自在的關係。如果是和認識不到多久的人，或者因為利害關係而必須聚集在一起的會議場合上，持續沉默了幾分鐘，不管是誰都會緊張地冒冷汗，感覺到好像必須說些什麼的壓迫感；但如果一起輕鬆地散步，就可以擺脫那種壓迫感。要達到這種效果前提是路必須可以一直走下去，或者是可以反覆繞圈的大空間，這樣的情況會讓我們下意識地放開心胸。

散步的空間如果是安靜的步道或林間小路，就可以同時透過五官感受到清新的草和苔蘚的香氣，以及吱吱喳喳的鳥叫聲等。有些人覺得隔著桌子面對面坐在狹小的諮商室裡很不自在，如果能和他們一起走在醫院的步道上，很多時候他們就會敞開心扉。有些患者不知道怎麼和醫生或其他患者相處而感到很尷尬，如果配合他們的腳步一起散步，隨著時間的累積，即使沒有聊很多話，他們對待別人的方式也會變得越來越親切。

很多時候我們想要親近他人，卻不知道該怎麼做；想要接近他人，卻不知道該說什麼。人際關係正在出現裂痕，也意味著彼此都因為說出的話而傷痕累累。

這個時候一起去散步吧！就算一直保持沉默也沒關係，但是步調要差不多，邊走邊感受對方腳步的節奏。在不說話的狀態下深深地吸氣，感受對方的呼吸，身心穩定下來的同時，也能自然地感受到與對方連結的感覺。

噪音對人際關係造成什麼影響

「今天樓上的聲音太刺耳了，施工的人都不用吃飯嗎？」

醫院正在進行整修工程的某一天，就連午餐時間也不停傳來施工的聲音，有一名同事一邊嘆氣一邊自言自語似地低聲嘟囔。我忙著吃飯，沒有注意到聲音，聽到同事的話後才豎起了耳朵，噪音真的比平常還要嚴重。那一瞬間，我想起了三十分鐘前在會診時見到的患者，他表示儘管噪音很大聲，他還是會睡午覺或看書，維持一樣的日常生活。每個人都一樣受噪音影響，反應卻各不相同，這是為什麼呢？有一些人即使聲音沒有超過國家規定的噪音標準，也會感到壓力很大。

幾年前員工運動會時發生了一件事情。比賽結束，夕陽西下之際，有一位同事準備了滿大型的煙火。為了辦運動會而租借的運動場離住宅區很遠，所以即使對著天空放煙火，應該也不會有什麼問題。大家看著煙火呼嘯著飛向空中，像流星一樣散落下來，不禁歡呼雀躍，一定有人想起了小時候在遊樂園的回憶。總之，沒有人被宛如星星般閃耀的煙火的聲音嚇到或感到害怕，但是施放煙火沒多久，有一個人映入眼簾並朝我們大吼，他看起來已經上了年紀，用激昂的聲音抗議後便回去了。我問同事發生了什麼事，原來他被煙火聲嚇到，所以跑出來要我們不要製造那麼大的聲音。對他來說，煙火聲是非常刺耳且不舒服的聲音，我很好奇那是否勾起了曾經讓他難受的回憶。

我在精神健康醫學科實習時，教授曾說過一個故事。教授小時候經歷過韓戰，當時他在避難的路上被意想不到的炸彈聲嚇到心臟彷彿快爆炸了，現在只要聽到很大的聲音，他就會嚇得身體微微發抖，這種反應不是我們理性可以判斷的領域，而是印刻在身體上的「內隱記憶（implicit memory）」所引起。

生活上，我們最依賴視覺，在五官中，處理視覺資訊的視覺皮層占據大腦的大部分。但俗話說：「雙眼所見的並不是一切。」我們在判斷、感受和推論時，聽覺資訊干預了很多。

我們在某個特定地點時，一定要聽到預料之中的聲音才能放心。看起來或聽起來就跟預想的一樣時，我們才會安心，比較難的說法就是模組分離（pattern separation）。如果和小孩一起去了遊樂園，不會有人期待那裡安靜得鴉雀無聲，就算雲霄飛車從我的頭上經過並傳來尖叫聲，我也不會太驚訝，因為遊樂園本來就有會發出巨大聲響的遊樂設施，而且設施設計得很精密，即使經過我的身旁，我也不會擔心自己受傷。甚至還有以互相衝撞為樂的碰碰車，如果平常有人故意撞我的車，我應該會震驚不已、大受打擊，或許還會留下心理創傷；但是在遊樂園坐碰碰車時，就算有人用力地撞我的車，我也可以一邊反擊一邊笑著享受其中。我們「為什麼」不會被遊樂園裡的噪音和衝擊嚇到呢？

大概沒有人會對經營樂園的公司投訴說：「遊樂園的噪音太大聲了。」接連不斷的樂園列車聲響、尖叫聲與各式各樣的聲音交雜在一起，就算有那麼多無法聽清楚的歌曲和各種噪音，人們也只是享受著吃喝玩樂，並不會太過介意。重點在於可預測性和周圍的人的反應。期待山中寺廟應該會很舒適、安靜，去到那裡的時候，卻突然看到「施工中」的告示牌並聽到挖掘機的聲音，我們就會心情不悅，覺得噪音特別大聲。如果在安穩入睡的深夜裡，突然連續一個小時傳來摩托車的噪音，一定沒有多少人能夠耐得住性子。因為身體不舒服而無法上班，在家裡休息時，剛好聽到在樓上跑跳的孩子們製造的噪音，或者施工中產生的巨大噪音，你會有什麼感覺呢？

當我們被本能無法預測的聲音侵犯了私人空間時，就會承受很大的壓力，無法解決的噪音糾紛由此開始。很多人認為「家」是一個休息空間，根據不同人的標準，休息可以是什麼都不做，停留在安靜狀態的時間；也可以是和家人或朋友歡聲笑語，偶爾和興奮地跑來跑去的孩子們互動的時間，每個人對於休息空間的標準差距很大。對於期待家是一個安靜空間的人來說，即便是很小的聲音也會成為意想不到的不悅噪音。如果沒有站在不同的立場上思考，那噪音糾紛就會像是永遠無解的莫比烏斯帶一樣。

那麼站在他人立場上思考是指什麼？不陷入自己的想法或情緒並站在他人的立場思考，需要消耗很多的能量，這被稱為心智化（mentalization）或容納之窗（window of tolerance）[6]。

我們每個人都有能力克服、消化內部或外部的壓力，每個人的能力程度不同，即使是同個人，也會根據當下的狀態有所不同。因為小孩的問題而承受巨大壓力的父母、夫妻關係不和的人、因職場壓力飽受失眠困擾的人，這些人的容納之窗通常會越變越狹窄。人處於壓力狀態時，比起人聲等高頻的聲音，對施工噪音或沉重的腳步聲等低頻聲音會更加敏感，因為在非常敏感的狀態下，中耳肌肉的收縮較少，容易聽到低頻的聲音。

從進化論的觀點來看，對人類構成威脅的聲音都是低頻聲音，例如：掠食者咆哮的聲音、巨石從遠處滾落的聲音、大樹斷裂倒下的聲音等，這些都是如果沒有敏感地去傾聽，就可能會讓自己喪命的聲音。在感知到某種威脅的壓力情況下，對這種低頻聲音特別敏感有助於我們的生存。但是在現代社會，我們的身體越是暴露在壓力之下，

6. 當人在容納之窗內，身心是處於平衡的狀態，能夠承受適當的壓力並思考自身與他人的情緒；若是能量過高或過低，都會超出容納之窗的範圍，可能產生攻擊或退縮的焦慮狀態。

壓力會越來越大，形成惡性循環（假設在夫妻吵架後變得敏感的狀態下，樓上傳來的噪音會讓自己更生氣）。

從力所能及的部分開始

為了終止惡性循環，我們需要先檢查身體的壓力狀態。「我對噪音變得比以前更敏感了嗎？」、「我變得比以前更難接受噪音嗎？」、「有沒有圍繞著我的其他壓力因素？」如果其中一項的回答為「是」，請你慢慢地放鬆身體，注意身體內部的警醒程度，而非專注於外部聲音。如果可以和他人分享會更好，當外部噪音很嚴重並感覺到危害時，最有效的方法就是看著某個人的眼睛，輕柔地對話。儘管噪音很大聲，父母只要和孩子們對視並溫柔地安撫，不管外部情況如何，小孩都可以重新找回穩定。

壓力超過自己可以承受的極限時，就會對外部的視覺和聽覺等刺激更加敏感。在身心放鬆的狀態下，即使看到之前舉例的遊樂園裡的列車經過並發出巨大的聲響，也還是可以感受到刺激的緊張感。但是如果身心處於疲憊的狀態，就會因為「經過頭頂的列車不會掉到人身上，所以很安全」的這種模組沒有分離，因而嚇一大跳或莫名焦慮想要快點回家。如果覺得周圍的刺激格外煩心，那麼請檢視一下自己現在是不是壓力太大了。

為了不讓我們在人際關係裡崩潰

不久前，Netflix上映的電視劇《魷魚遊戲》[7]在全球大受歡迎。全世界都因新冠疫情而憂心忡忡、所有人都因前所未有的貧富差距而處於艱辛的時期，這是它受歡迎的主因嗎？雖然《魷魚遊戲》的成功有很多因素，但它挑起處在困難時期的現代人的感性，也為現實提供了安慰，這個部分似乎引起了大家的共鳴。

我在這部電視劇中留意到的部分是，一開始為參加者提供了機會，可以中斷這個賭上性命的遊戲；以及在賭上金錢的激烈競爭中，也展現出了互相照顧、團結的人性面貌。劇中登場的人物都是在我們身邊隨處可見的普通人。

「我每個星期都會買樂透。如果中獎了，我想要還清債務，然後買一棟房子！」

「現在我的年紀大了，連打工都很難找。」

「我已經放棄腳踏實地賺錢成功的想法。」

「我認為只有股票和貨幣才是最後的出路。」

「我投入一切的事業因為新冠疫情倒閉，欠了一屁股債。這段期間我和老婆的關係也變得很差，現在分居了。我真的不知道該從哪個問題開始解決。」

來到診療室的諮商者們痛苦地說出的話和劇中人物的臺詞有點相

7. 二〇二一年韓國電視劇，其講述四百五十六名債臺高築的普通人，被聚集在一起，為了贏得四百五十六億韓元而進行一系列致命的兒童遊戲。

似。「我現在就快死了，可以說出從來沒有對別人說過的家庭私事！反正以後也不會再見了。」劇中一名女性的臺詞很好地表達出對別人透露自己的內心是一件多麼羞恥的事情，這種感覺讓自己無法在說出難以啟齒的話時看著對方的眼睛，在說出父母死亡的事實時眼神飄移。雖然竭盡全力地生活，但如果遇到難以承受的事情，不管是誰，視野都會變得狹窄，無法進行靈活的思考，此時誘惑著我們的就是「一夕致富」。明明每天都很踏實地生活，卻沒有從世界獲得相應的報酬，這時候出現可以一次推翻一切的提議是非常誘人的。投資房地產、貨幣和股票的心理與此並無二致。

在電視劇中，周圍的人接連在簡單的童年遊戲裡死去，某一瞬間的選擇可能就會讓自己死掉，當玩家們意識到這一點後，開始陷入恐懼。玩家覺得他們被迫在死亡面前玩遊戲，急切地呼喊請求放他們出去。這個場景善與惡明顯對立，施以壓迫的對象在外面，只要推翻他們即可的這種情節設定雖然很單純，但已足以引起憤怒。正如第一章曾經說過的一樣，憤怒擁有強大的力量，只要拒絕眼前的對象，逃離那個地方，就可以活下來。在死亡的恐懼中，急切的生存本能當頭，沒有餘力顧及其他事情。

當所有參加者投票過半數，得以重新回到家裡後，從這裡開始好戲才正式上演。好不容易逃出死亡遊戲回到家中，迎面而來的現實卻感覺更像地獄，在看不到出口的現實壓迫感和數不清的債務之中，人們找不到可以埋怨的對象，再次陷入複雜的混亂裡。

爲什麼會想不開

當沒有可以埋怨和需要逃離的對象時，攻擊便會轉往自己的內心。激昂的憤怒平息之後，迎面而來的就是現實。現實映照出來的自身模樣非常狼狽和脆弱，讓自尊心跌到了谷底，因為覺得很羞恥，所以也很難去依靠別人或期待別人的安慰。最後，劇中曾經急切地懇求讓自己出去的大部分玩家都重新回到了遊戲當中。

人類總是被推崇是擁有邏輯、理性的存在，但我們在很多的情況下都會像電視劇中的玩家一樣，跟著頭腦裡的單純想法行動。因為每個人克服生活中遇到的壓力，或克服人際關係困難的方法都不一樣，這一點以不同的方式深深地刻在各自的腦海裡。

精神分析家彼得・馮納吉說：「我們會被最容易重現童年關係的對象吸引。」雖然頭腦知道這是錯誤的道路，但是另尋其他方法實在是太辛苦了，脫離社會的人和走投無路的人總是會在狹窄的視野內做出決定。「只要這一次機會就可以挽回一切！」這種誘惑對於在現實中實在找不到方法，也無法依賴任何人而想要放棄人生的人來說，是一項難以拒絕的甜蜜提議。

爲了不在無限的競爭中落後於人

那麼為什麼世界會在金錢面前展開了無限的競爭？通常會以華特．坎農（Walter Cannon）的理論來解釋生物學上的壓力反應，即「戰鬥或逃跑」。「沒有贏得數百億的金錢，就是死路一條」，也就是說「不是最好就是最壞」。但這就是全部嗎？導演在劇中透過老人、女人和男主角偷偷地暗示了「即便如此還是有團結的可能性」。美國心理學家莎莉．泰勒（Sally Taylor）也提出了同樣的問題：「如果所有社會上的成員都在戰鬥或逃跑，老人和病患就會毫無防備地暴露在危險之中，那社會該如何維持下去？」她表示，戰鬥和逃跑實際上主要發生在男人身上，女人和老人透過照護的行動維持了社會運作。最近的大腦科學研究中，還用腹部的迷走神經和催產素荷爾蒙說明與此相關的運作體系。與其戰鬥或逃跑，不如彼此相守、互相安慰，團結在一起。

在《魷魚遊戲》中，藉由以下幾個場景，我們可以發現人性的團結面貌：男主角邀請沒有人願意一組的老人一起組隊；在拔河比賽中雖然力量上處於劣勢，但最後卻聯手獲勝了；因為女人看起來很柔弱，所以沒有人願意和兩名年輕女性組隊，她們被留了下來，透過對話傳達了彼此的心意。

敏銳的觀眾可能有察覺到，在他們團結起來之前，一定會問一個問題，那就是彼此的「名字」。在賭上鉅款的遊戲場裡，統率者們沒有「臉」和「名字」，參加者也只以「號碼」相稱。但是當想要敞開心扉互相合作時，就會好奇起對方的真實姓名，所以男主角這麼說：

「以後我們都會一起，至少要知道彼此的名字吧？」

像這樣先詢問彼此的名字、互相關心，就是一個可以安全地從最近這個冷漠世界脫身的機智方法。

透過書籍學習的關係課程

「人們也有爲了展示給別人看所準備的面貌，
就像賣場裡的展示櫃一樣。」

——《克拉拉與太陽》，石黑一雄著

封面上像陽光一樣明亮強烈的紅色與逐漸消失的黃色太陽擄獲了人心，透過陽光的養分充電的機器人，聽起來好像是什麼有趣的科幻小說，我滿懷期待地翻開了書頁，然而卻意外地有好幾次都要一邊擦眼淚再一邊讀下去。這本書讓我對人際關係有了更深度的思考。

書中的登場人物雖然是人，卻有著「非人」的面貌。登場人物都穿著能夠顯示身分的服裝，只有「被提升」的孩子才能接受教育，而且就連教育都只能在家裡上線上課程，如果要促進孩子之間的溝通，孩子們僅有加入「交流聚會」一途。作者難道提前預料到了現在的疫情時代嗎？看著在新冠疫情之後，只透過線上溝通而出現的人際糾紛和線下無比尷尬的模樣，頓時覺得這部小說並不是荒謬的科幻故事，也不只是作者想像中的空間，令人感到悲傷。

故事中人工智能機器人AF是Artificial Friend的簡稱，扮演了朋友角色，陪伴成長中的孩子們，提供孩子們安全感，代替主要扶養者陪伴在他們身邊，與客體關係理論精神分析學家溫尼考特所說的過渡性客體（transitional object）相似。溫尼考特的過渡性客體通常以《花生漫畫》[8]裡的奈勒斯經常抱著的毛毯做比喻，小孩經常產生依附心理的東西有熊玩偶或毛毯等摸起來很柔軟的東西。雖然小說中的AF「機器人」克拉拉是冰冷的人工智能，卻擁有最具人情味的面貌。這裡指的人情味是指我們通常期望的關心他人、理解對方心情和無私的心。

和許多來精神健康醫學科諮商室的人們見面後，就會發現，有很多人儘管在物質上過著比以往任何時候都還要富裕的生活，但是因為小時候沒有充分得到父母的認同和支持，內心的一隅留下了缺陷，因此很容易受傷，也會為了避免受傷而斷絕人際關係，過著孤立的生活，形成惡性循環，承受極度的孤單感。小說中的大人經常向機器人克拉拉徵求意見並傾訴自己的心情，這個場景對我來說並不陌生，因為已經成長的大人心中隱藏著還沒長大的小孩，為了照顧這個小孩，需要一個像克拉拉這樣的過渡性客體。

克拉拉擁有細心地洞察對方內心的能力，我從她的模樣中看到了做

8. 一九五〇年出版的美國報紙連環漫畫，以小狗史努比、小學生查理布朗等角色聞名。

諮商的精神科醫生和治療師的樣貌。克拉拉做為一個人工智能機器人，為了了解人們的內心，逐漸累積數據，仔細地解讀人們的情緒。例如，「在聲音裡感受到了微妙的小心翼翼」，克拉拉沒有只專注在對方表面上說出來的話語內容，而是透過聲音的語氣和速度等仔細地掌握說話者的意圖。克拉拉還說：「那個孩子會那樣做或許是因為害怕孤單。」克拉拉把它理解為，當內心深處感到孤單時，就會因為太害怕感受到脆弱的情緒，故意表現得很強悍和刁鑽。克拉拉不僅能夠觀察孩子們的內心，也能察覺大人的感受。她明白了人類臉上雖然露出笑容，但眼裡卻帶著憤怒，以及害怕的時候就會發怒，最後她得到了這個結論：「至少在潛意識中，人類似乎都很孤單，人類的心就好像是一棟有超多房間的房子，是最難學習的東西。」

克拉拉沒有把人類的內心解釋得很複雜或者隨意斷定，而是引導讀者自然地跟隨自己的心，推論並感受他人的心理，我能感覺到克拉拉有多麼細心地去理解人類和人類的心，這讓我很悲傷，甚至感到心痛。她總是在人們的心裡發現孤單和恐懼，為了隱藏這樣的情感，人類有時候會假裝堅強，有時候甚至不得不承認必須要有一個可以展示給別人看的面貌，就像賣場的展示櫃一樣。

所以克拉拉不會因為人類無禮說出的話而受傷，把自己的情緒深深地藏在底下（或許是因為克拉拉是機器人，理所當然不會有情緒，就像溫尼考特說的過渡性客體《花生漫畫》的毛毯一樣）。克拉拉只是去理解人們的內心，最後全心全意地照顧裘西，幫助她恢復健康。並非像人類一樣透過機械式分析或者其他人為的做法，人工智能機器人克拉拉透過吸收太陽養分的方式（就像克拉拉自己接受陽光充電一樣，她透過曬太陽治癒生病的裘西），成功救了裘西，那個畫面非常矛盾。

總之，理解某人的內心就是要放下自己並遵循自然法則，這或許是作者想傳遞的訊息。

讀過這本書的很多讀者在後半部看到克拉拉獨自在露天廢棄場的場景時，都流下了眼淚，我也是如此，這就是對她代入過多情感的結果。我想再次引用溫尼考特的話，他說：「過渡性客體不會消失也不會有人對它表示哀悼，只是被送到某個地方（limbo）。」當小孩長大、內心變得堅強，不再需要扶養者或過渡性客體的安慰時，它們大部分會被塞到抽屜的角落或閣樓等，而不是被難過地送走。裘西恢復健康，離開學校之後，冷酷地與克拉拉分別，在廢棄場的克拉拉反而平靜地守著自己的位子。

我想起了不久前一名諮商者說的話：「妳好像是目前為止第一個毫無顧忌地說出我的情緒和想法的人。」雖然我們希望跟喜愛的人產生強烈的連結，不想感到孤單，但是有很多時候我們都因為不知道該怎麼做而難受。有時候我們就像是一個小孩，沒有二十四小時守在身邊的媽媽時，就需要摸著毛毯和熊玩偶以獲得安慰，我們需要依靠外界來抓住那顆搖擺不定和孤單的心。當內心搖擺不定而感到痛苦時，諮商師或精神科醫生究竟可以起到什麼作用？當你有這種疑問時，這本書很值得你閱讀看看。

第 3 章

建立起靈活且堅固的關係

如果排除情況、情緒和偏見來看待對方的話

常常有人因為人際關係感到痛苦。如果讓我感到痛苦的人是全民公敵，那每個人都很容易可以得到共鳴和安慰，但世事並非如此，因為所有的關係總是錯綜複雜。對於某些人來說，他簡直是如惡魔般的人物，但對另外一些人來說，他卻成為了可以獲得安慰的對象。或者我明明說過那個人的壞話，但當我感到疲憊時，他卻成為了我最先找的對象。難道這是因為人類真的太狡猾了嗎？其實這是因為根據情況不同，感受到的情緒也不同，所以對於對方的感覺也不盡相同。

我在和經營藥局很久的藥劑師聊天時，他告訴我：

「當我心情很差的時候，不知道為什麼，好像只有生氣的人來藥局；當我心情很好的時候，只有看起來很開心的人來藥局。」

他讓我領悟到很重要的一點，當我在進行諮商時，經常聽到諮商者向我抱怨，他們常常可能在憂鬱變嚴重、壓力變大的時期，會發生車禍、遇到困難的事情或與身邊的人的衝突加劇，簡直是禍不單行。

人際關係，交流情緒的關係

人們只會顧慮到對方的表情和心情，不會想到自己在他人面前的樣子。看到清新的植物，心裡自然而然會感到充滿生機；看到狗對自己高興地搖尾巴，就連沒有養寵物的人也會想要摸摸牠。即使是透過植物和動物，我們也自然地會受情緒影響，更不用說在人際關係中，情緒的影響力更強大，這是因為人們總是在互相交流情緒。

看到憂鬱和疲憊的表情，我們的心情自然會跟著一起低落；看到激憤填膺的人，我們自然會跟著一起生氣和心跳加速，因為大腦的鏡像神經元會讀取對方的情緒並產生和其類似的感受，大腦要藉此判斷應該戰鬥還是逃跑，變得很忙碌。受到嚴重的狂躁症狀、幻聽或妄想折磨而感到痛苦的精神疾病患者，對於這種情緒的起伏幅度非常大，就好像在坐雲霄飛車一樣。雖然他們的情緒不會二十四小時一直在高速奔馳，有時候也會掉到水面下，看起來變得很安靜，然而大多時候，儘管只是一些小刺激，他們的情緒也會波動得像是掀起海嘯巨浪一樣。

尤其是妄想症患者的情緒經常爆發，但如果他們身邊有長期信任並累積了一定連結的家人，或者身邊有關係（Rapport）很要好的醫生，情緒就可以回歸平靜。

情緒起伏像在坐雲霄飛車時

E因為情緒調節困難和妄想等症狀，曾經住院好幾次。E從小看著父母爭吵、甚至動用暴力的景象長大，最後父母離婚了，她和母親一起生活。母親因為無法從父親那邊得到經濟支援，所以心理上完全沒有可以喘息的空間，雖然她很盡力地照顧E，但偶爾還是會向E抱怨或者把E賺的錢當作生活費花掉。E對母親感到很難過和傷心，覺得好像是母親的錯才會導致與父親分開，因而埋怨母親，但E並沒有表現出來。後來E對母親的妄想變嚴重，情緒的鎖定裝置一被解除，E隨即變得很有攻擊性，不只沒辦法去上班，還會徹夜徘徊在街頭，最後她私闖民宅，因為居民的投訴，到警局做了筆錄，母親則在警察的幫忙下找到治療E的醫院。

和受妄想症所困、過於激動的人進行諮商，心情彷彿在走鋼索，因為只要稍微刺激到他們，他們的情緒就會馬上爆發，只能用非常安靜、緩慢與柔和的聲音試著慢慢對話。幸運的是，E的情緒似乎稍微平靜了下來，雖然對話很不符合邏輯，但總算是還可以談下去。

E拒絕服用治療劑等積極的介入治療，但是她的狀態卻是非常需要。為了強制讓她接受，不僅需要母親，還要直系家屬父親和公共機關如警察的協助。但遺憾的是，沒有親眼看到E狀態的父親和警察都無法理解她這種如雲霄飛車般的情緒。為了求得父親的同意，E的母親聯絡了父親，但他卻不想和過往關係不好的前妻聯絡。最後，E沉浸在妄想之中，經常不吃飯，也常在諮商時消失得不見人影。母親悵然地一邊哭著一邊跟著E走出去，我則只能看著她們的背影。

不要說站在對方的立場感受和思考了，就連對方的狀況已經直接呈現在我面前，要同理也還是很不容易，因為我們當下的狀況、情緒和偏見都在影響著自己，我所了解的情況可能不是事實。我們一定要記住，人們一定有看不見的一面。

敞開心扉的一頓飯

「你吃飯了嗎？」

「一定要吃飽喔！」

這是我從小經常聽奶奶說的話，我總是反覆想著「現在這個時代哪有人會餓肚子，吃多了只會變胖！」而敷衍地回答：「好。」我認為這是很老套的問候方式，但最近卻切實地感受到了與人一起吃飯或關心對方有沒有吃飽是一種多麼溫暖的安慰。

我滿懷著期待和夢想開始在精神健康醫學科當實習住院醫生時，

發生了一件事。在春寒料峭的整個三月裡，我和同事們在醫院不僅要工作，還要學習。我們實際體會了住院患者的立場，更重要的是，要在短時間內熟悉病房和急診室忙碌奔波的工作。除了睡覺時間以外，都在忙著工作和學習，日子實在非常勞累。我記得那天我一樣在護理室裡的一個角落確認住院患者的檢查結果。

忽然傳來一道熟悉的聲響，令我突然聯想到媽媽在砧板上切東西的聲音，自然而然地想起了家常菜，一度被遺忘的對於家的「鄉愁」逐漸湧上心頭。精神上處於疲憊狀態，但想像著等待吃飯的畫面，身體就放鬆了下來。因為那讓人聯想到菜餚的聲音，我莫名地陷入了回憶之中。但是不可能有人在病房裡做菜，仔細觀察周圍，我才發現原來是護理師為了無法吞藥的患者，在磨藥碗裡搗藥的聲音。

食物對我們的影響

當我們回想起關於懷念的回憶和溫暖的記憶時，常常會和食物連結在一起。在山頂喝的即溶咖啡與去露營時烤的肉，似乎總是和平常的味道不一樣。在旅行地點吃下的食物之所以會留在腦海中很久，是因為與幸福、快樂、歸屬感等情緒連結在一起，這也是另一個適用「連接的神經會同時被活化」的赫布定律的例子。

尤其是去留學或移民的時候更想念故鄉的味道，這不僅是對泡菜鍋或大醬的思念，也是想要喚回和一起吃泡菜鍋的家人朋友們一起分享過的溫暖對話，以及吃飽後身體放鬆的感覺。吃東西的行為從很早以前就已經被我們的身體意識為安全，咀嚼和吞嚥食物的過程本身會活化身體的迷走神經，具有緩解身體緊張的效果。與他人一起做菜或為他人做菜就是分享快樂和歸屬感的行為。

我們可以運用市面上銷售的醬料輕鬆地做出一頓飯，其中包含義大利麵。每個家庭成員的口味可能略有不同，有些人喜歡肉醬，有些人更喜歡番茄醬或奶油醬；麵的選擇也是五花八門，有扁平的麵、圓形的麵、短的麵等。但是要在家裡做來吃的話，很難一次做出各式各樣的麵和醬料，在吃義大利麵之前，需要先協調意見，考慮自己和其他人的喜好。

像這樣，人們聚在一起做菜、吃飯的過程中，混雜著許多關係，會發生很多跟單獨吃飯時不同的情況。在這個過程中，我們可以學習如何表達自己的喜好，感受我的意見被他人尊重時的喜悅感、飽腹感、一起吃對方想吃的食物時所感受到的愉悅和成就感等。準備材料、烹飪、洗碗等一系列的過程，以及專注在「為了一頓飯」的這些行為本身，對於深化家人或親友之間的關係很有幫助。

但需要專注的應該是過程，而不是結果。有些人會以「我要吃番茄義大利麵！好了再叫我」的方式退出，或者在所有人都參與的隔宿露營中，不和大家一起吃飯和收拾。雖然那些人可能會覺得，「不做事身體才能放鬆啊！」但如此一來他們便無法透過參與過程建立起聯繫心靈的關係。不一定要用昂貴食材來做菜，就算是簡單的炒飯或泡麵，只要和某個人一起製作和享受美食，我們的大腦就會同時存下吃飯時放鬆的感覺以及與他人連結的感覺，讓「建立自在的關係」變得更容易。

這一餐的力量只屬於我一人

我在二十歲出頭時去了印度旅行，那時正是從二十世紀過渡到二十一世紀的期間，很多人抱著「去印度就可以冥想並發現超越性的自我」的期待，從而掀起了一股印度旅行熱潮，我和朋友也跟著茫然地開啟了名為「尋找自我」的旅行。我們在青年旅社和遠從歐洲來的朋友們聊開，其中一個人在聊天時突然拿出飲料，開始自己喝了起來，其他人（準確來說是其他歐洲人）似乎並不在意。我和朋友透過眼神交換了訊息：「搞什麼？」一個想法掠過腦海：「不是啊，怎麼可以在大家一起聊天的場合，也不問其他人要不要喝，就自己喝起來了呢？這就是文化衝擊嗎？」

當時韓國的文化把所有事物都要「一起」視為一種美德，餐廳的餐點基本上都是二、三人份，沒有為了獨自吃飯的人所設置的位子，我記得當時我偶爾喜歡一個人去吃飯，但是卻受到餐廳老闆們不是很歡迎的眼光。可如今已經迎來了獨自吃飯、獨自喝酒、獨自看電影也不會感到害羞的時代，與其和相處不自在的人在一起，不如自己一個人自在地享受時光。幾年前短暫經營公司的時候，在招聘二十多歲員工的面試場合上，我和其他面試官們談到了公司的其中一項福利——海外研修，我記得當時那位員工馬上反問：「一定要和上司們一起去嗎？」越來越多人認為自己不想去的義務性聚餐或旅行不能算是福利，而是強迫。

精神分析家卡爾．榮格把人的個性類型分成「內向和外向」。外向的人在與人相處時獲得能量，內向的人則在獨自一人時補充能量。社會上往往給予擅長與人相處、活潑外向的人較好的評價，所以需要獨自一人補充能量的內向人如果勉強參加了各式各樣的聚會，就會感到很辛苦。把判斷的重心放在自己的身心上，就可以知道自己在什麼時候感到自在和獲得安慰，也可以斟酌要如何與人相處。

現在想想看要和誰一起吃飯吧。如果與相處起來很自在、願意傾聽自己的話的人一起吃飯，不僅有助於消化，身體也會放鬆下來。反之，如果與相處起來不自在、需要單方面傾聽對方情緒和想法的人一起吃飯，不僅會感到不自在，甚至還會有消化不良的感覺。為了了解自己現在想不想與人相處，請仔細地觀察你的身心吧。

練習拋棄「好像只有我不喜歡」的感覺

如果被邀請參加不太想去的聚餐，請適當地拒絕。「適當地拒絕」是練習自我主張的一環，以不讓對方不開心為前提表達自己的意見，這也是需要練習的，就像騎腳踏車不能透過看書學習一樣，拒絕也是如果沒有面對對方親口說出，就無法習慣。此時需要銘記一件事，那就是拒絕並不代表輕視對方，對方也不會因為我的拒絕而討厭我。我們經常在拒絕別人的提議時，莫名產生罪惡感，擔心對方會不會討厭我，即使是對方說的一些沒有深意的話或小舉動，我們也會把它和厭惡自己的想法連結在一起，進行過度解釋。

如果你去參加了難以回絕的聚餐，請提前決定好你對其他人的話和行動能夠做出多大限度的反應，這樣可以更加專注在自己的餐點和身體上，減少不自在的感覺。很在意他人的人往往會在聚餐時消耗大量能量去傾聽他人的話和情緒，因而容易感到疲憊不堪。我能承受多少他人的情緒，以及我能說出多少自己的事情，這些完全是由自己決定的。自己決定好之後，在飯局上就會輕鬆很多。

想要一個人吃飯的心理一點都不奇怪，因為獨自吃飯的期間可以累積自己的能量，並且運用這些能量在接下來的時間裡努力和人們相處。關鍵在於，靈活地運用和大家一起吃飯的時間，適當地找到人際關係的平衡。

我們一起玩會很有趣嗎？

因為新冠疫情延後一年多的「二〇二〇年東京奧運」期間，我在病床會診時，看到聚集在休息室裡的患者們眼睛閃閃發光，他們正在收看奧運的轉播。男子游泳兩百公尺自由式決賽，當韓國選手上場表現時，所有人都屏住了呼吸為韓國加油。患者們平時因為如海嘯般襲來的心理症狀而疲憊不堪，此時似乎暫時脫離了現實的痛苦。

如果要諮商者選出一個幸福的回憶，他們大多會想起怦然心動的瞬間：去遊樂園玩的回憶、流著汗慢跑的時刻、和大家一起踢足球的時光等。我在諮商者的答案中發現了共同點，這些回憶都是好幾個人一起開心地進行活動的時候。

當心臟怦怦跳並感到令人愉快的緊張時，我們難以區分這是因為害怕、哪裡不舒服，還是因為喜歡誰而心跳不受控制。

和某個人一起經歷興奮又愉快的事情，是一個可以讓關係變得更加和諧的機會，看到孩子們的情況就很容易明白。小孩子不會像大人那樣尷尬害羞地做身家調查，推測對方幾歲、住在哪裡、做什麼工作，他們會直接省略大人這種小心翼翼問話的不必要過程，即使是在遊樂場偶然相遇，孩子們也會一起玩，共享當下的時間，很容易就混熟了。遊戲中的輸贏對小朋友來說並不重要，因為遊戲的過程本身就會帶來快樂了，在玩捉迷藏的孩子們腦海中，自己當了幾次的鬼、被抓到幾次、抓人抓了幾次並不重要，留下來的只有擔心自己躲藏的地方會不會被發現的提心吊膽心情，以及一邊想著「大家躲在哪裡」，一邊尋找的澎湃好奇心。

一起經歷過程時感受到的歸屬感

有一天，我和我讀小學的孩子一起玩桌遊，遊戲方法是分別拿幾個數字盤後，推測並猜出對方的數字，如果可以記住已經出現過的數字，獲勝的機率就會提高。孩子輸的時候，突然說：「媽媽，會不會是因為妳坐下的身高比較高，所以看了我的數字？不然的話，就是妳真的運氣很好！」他嘛著嘴，眼眶頓時噙滿淚水。孩子在玩輸遊戲後，這麼快就告訴我他感到很難過和傷心，讓我覺得很神奇（在大人的世界裡，即使輸了也會裝作沒關係，也有假裝安慰他人或不想顯露情緒的情況），我迅速地安慰他說：「你一定很難過吧。」並重新開始遊戲。

結果孩子在下一局獲勝了，他笑得樂不可支，毫無保留地表現出他的喜悅，很難想像剛剛才流過眼淚。能力和某種程度上的運氣都會影響遊戲，所以不可能總是獲勝，我們的人生也與此相似。和對方一起分享獲勝的喜悅與失敗時的心情、接受對方的難過、不壓抑自己的悲傷、不逃避難過或不適的情緒並且練習停留在那個瞬間，這些就像是人生的縮影。絕對不能輸、必須為了獲勝鍛鍊實力、要和具備獲勝實力的人組隊等，這些秘訣只是重視結果的大人們的觀點。玩遊戲或比賽時，最重要的或許不是最後的結果，而是過程中經歷的緊張感、興奮感、與人們的交流、表達輸掉比賽時感受到的情緒並得到對方的尊重，以及一起分享獲勝時的喜悅。

這次的奧運和過去只推崇金牌的氛圍不同，我感受到現在形成了一個即使沒有拿到獎牌，也會更加專注在選手們努力過程的加油文化，這真的很令人高興。就如同沒有總是能獲勝的遊戲一樣，關係也不會只有美好的一面。

就像是不能接受輸，只重視結果的話，就無法好好地享受遊戲一樣，我們在人際關係中也要放下必須一直保持好的一面的壓力。我們要記住，時而高興快樂，時而傷心難過，這種流動的狀態就是「人際關係」。

90％的關係始於語氣

李奧納多．狄卡皮歐（Leonardo DiCaprio）和凱特．溫斯蕾（Kate Winslet）主演的電影《真愛旅程》（*Revolutionary Road*）裡面，可以看到親密關係會有的典型吵架形式，兩位主演也精彩地演出了婚姻的真實樣貌。凱特．溫斯蕾飾演的妻子是一名舞臺劇演員，電影的鏡頭捕捉了散場觀眾的竊竊私語，嫌棄女演員的演技很糟糕，再特寫下了舞臺後，面如死灰坐著的妻子。透過看起來無限悲傷的眼神和垂下的嘴角，可以感受到妻子身為演員有多麼羞恥與挫折。

李奧納多．狄卡皮歐飾演的丈夫透過妻子的表情，看出她心情不好。丈夫已經答應妻子的舞臺劇同事要一起去喝一杯，但心情不好的妻子卻找了一個藉口說要取消，雖然丈夫一臉沒辦法理解的表情，但還是選擇聽妻子的話。丈夫無法完全理解妻子的挫折感，因此不知道該如何接近在氣頭上的妻子，心裡越來越焦躁不安，微妙的緊張感圍繞在兩個人的關係當中。在開車回家的路上，丈夫要妻子放下，不要再想了，還告訴妻子她演得很好，盡可能想讓妻子的心情好一些，但妻子卻突然大聲要丈夫停車，並且氣憤地下車了。丈夫也跟著怒氣上頭，最後用拳頭揍了一下車子。

親密關係會出現的扭曲

夫妻、家人或戀人等親密關係之間因為反覆分享負面情緒，而導致關係破裂的情況很常見。在一般的社會關係中，如果自己的心情不好，就會自然而然避開與其他人交流；如果某個人看起來非常生氣，其他人也會本能地避開與他對話。《真愛旅程》中的妻子因為心情一團糟，同樣也迴避了與同事們的聚餐。我們本能地知道自己需要防護罩的時機，在心裡受傷或受到嚴重傷害時，人們自然會想待在安全的地方、想要被人安慰。英國精神科醫生約翰·鮑比表示，這種狀態會激起人的依戀，當依戀被激起時，想要得到安慰的對象就會是支持並愛我的人。成人的情況，那個對象很可能是愛人或配偶。不過如果沒辦法從期待得到安慰的對象身上感受到充分的愛，那受到的傷害就會是好幾倍。

電影中的妻子應該也很希望丈夫能夠充分理解自己的心情，但無論再怎麼愛那個人，持續承受對方的氣話與怒火是非常困難的，配偶也會因為對方的話受傷。當某人像火山爆發一樣表達憤怒時，如果想承接住那份情緒，則必須要掌握藏在憤怒底下的挫折感或悲傷。如果有人朝自己發脾氣，我們自然會覺得被攻擊了，而跟著發脾氣回去或者避開，這是很理所當然的本能反應。

很難避免的關係

在社會上，如果有人無緣無故地朝自己發火，那麼避開就算了；如果那份怒火讓自己遭受到心理或生理的傷害，則可以透過法律途徑解決。儘管如此，家人之間要用上這種方法並不容易（當然也有互相傷害導致離婚或家人之間斷絕往來的情況），如果被最親近的人傷害，對於自己的想法和對他人的基本信任就會產生變化。

A從小就經常看著父母吵架，因此總是在畏縮的狀態下成長，父母吵架後，負責安慰母親的總是A。雖然A盡力地做好女兒的角色，但因為父母都只顧著過自己的生活，所以沒有照顧到A的情緒。當A還是青少年的時候，一件瑣碎的事情成為了她頂撞父親的契機，父親因為A與平常不同的模樣而在一氣之下動手打了她，自從那件事以後，A的家人之間不再溝通，關係也變得僵化。她一邊回憶起痛苦的那個時刻，一邊低聲地說，父親那天生氣的樣子和氣氛非常可怕。

「不是因為爸爸，而是因為我。因為我太不爭氣了，才會發生那種事情。」

與最親近的人產生摩擦的時候，人們經常會歸咎於自己，覺得自己不值得被愛。這個時候感受到的情緒會非常羞恥和哀傷，只要有那麼一點羞恥與悲慘的感受，就會引起憤怒，透過憤怒發洩，稍微掩飾一下恥辱感。如果不想讓自己受傷，我們也必須減少會讓對方受傷的話和舉動。

那些刺痛我內心的話

美國華盛頓大學心理系名譽教授兼《讓愛情長久的八場約會》作

者約翰．高特曼（John Gottman）透過錄影，拍攝了許多對夫婦的對話並發表了分析結果。很有趣的是，觀察夫妻使用的話語可以預測之後離婚的可能性。在和現場的夫婦或家人們進行諮商後，會覺得那句話很有道理。與人的對話是一種習慣，也就是說，自己有一套慣用的溝通和對話模式，讓我們來看一下吧？

1. 斷定性的話語或「先」這個詞

當期待得到對方的安慰或向對方搭話時，卻聽到對方說：「我知道了，先這樣！」、「就先這樣做吧！」很多時候我們會感到受傷。「先」這個詞代表，「我沒時間聽完你的話，或者我已經明白了，所以不要再說了！」在表達我理解、聽懂、充分了解你的意思時，盡量不用「先」這個詞。

家人1：「我希望你不要到處亂脫襪子。」

家人2回答A：「是嗎？我知道了，先這樣。」

家人2回答B：「哦，我有那樣嗎？以後我會注意的。」

家人2的兩個回答都包含「我知道了」的意思，哪一個回答聽起來更溫和呢？

2. 在生氣的狀態下不使用比喻性的表達方式

有一些人會在非常生氣或憤怒的狀態下，為了讓對方丟臉或習慣性地使用比喻性的表達方式，我在諮商室見到的幾位諮商者就是這樣。那天預約的人特別多，沒有事先預約的M因為等了一個多小時，所以非常生氣，一進諮商室就馬上對我發火：「妳是在寫什麼長篇小說嗎？妳知道我等了多久嗎？」雖然我面對過很多憤怒的人，但在那一刻也很難理解和體諒M的心情。如果他是說：「我等了很久，所以今天真的很生氣。」這樣我還會比較容易體諒他，但像M一樣會那麼說的人並不會直接說出生氣的狀態，而是會靈活地利用間接手段傳達。

H就和普通的青少年一樣，有很多想要的東西，例如：朋友之間流行的遊戲機或價格不菲的夾克等。在孩子的要求下，H的爸爸回答：「你以為我們家是富豪嗎？你不知道我工作有多辛苦嗎？」父親的話可以解釋為，「有富豪的財力才買得起遊戲機或夾克，但是我們家並沒有富豪的財力，所以沒辦法買給你。」其中涵蓋著「我為了家庭很努力地付出，你應該要感謝我」的意思。如果父親直接對H說：「看來你有很多朋友都有那些東西，你真的很想要嗎？但是我現在沒有餘力買給你，抱歉。」這樣誠實地回答，孩子會更容易理解。

我們在理解語言時，通常需要掌握整體的脈絡。不只是H，不管是誰都沒辦法因為父親說：「你以為我們家是富豪嗎？」就馬上聽懂他的意思。父親使用了「只有我們家成為富豪才能買得起」的極端比喻，讓對方自然而然感覺被羞辱，這種對話方式只會給對方留下嚴重的傷害，讓兩個人之間的距離越來越遠。

保護自己和對方的兩種方法

如果不想讓自己受傷，我們也需要體諒對方，因為如果只是想傾訴自身情緒並希望對方接受，這種關係無法持續很久，請認同並反射對方的話。當孩子要求父親購買負擔不起的高價物品時，與其威嚇、發怒或羞辱孩子，不如這麼說：「看來你是真的很想買〇〇、看來你真的很想要那個東西。」父母通常會在腦海中思考要不要買給孩子、有沒有餘力買給孩子，當無法滿足對方的欲望時，承認孩子想要擁有那個東西的心情並說出這個事實可能是一件非常困難的事情，所以父母才會發怒，因為父母認為如果表現得強勢一點，對方就會退縮，儘管孩子會受到傷害，但至少不會再繼續要求。

在這種情況下，請「先承認對方的願望和欲望」和「重複並反射那句話」。承認對方的願望和欲望並不代表要照著去做，真心地理解和認同對方的願望後，誠實地表達自己還是沒辦法幫忙滿足的事實。請記住，承認對方的情緒不代表自己輸了。

試著模仿對方話中的情緒詞彙：

家人1：「你為什麼總是對我碎碎念？」
「你那樣會讓我生氣！」

在這種情況下，許多人都會聚焦在「碎碎念」，接下來很容易會出現這種話：「那才不是碎碎念」、「我什麼時候碎碎念了？」在這裡出現的情緒詞彙是生氣，試著聚焦在生氣上面吧。

家人2：「原來你現在很生氣。」

可以再補充說：「我能從你的表情看出你真的很生氣，我想更加了解你的情緒。」儘管如此，「生氣」和「憤怒」屬於相當強烈的情緒，因此先承認對方生氣的情緒，不要再多說話，讓各自擁有一些思考時間。

原封不動地承認情緒和表達出來吧。

家人1：「你好像根本不在意我、不關心我，讓我覺得很難過、很空虛。」

在這種情況下，許多人都會聚焦在「不關心」上面，從而容易辯解自己並沒有那樣或者發怒，因而產生誤會。請試著聚焦在情緒詞彙「難過」和「空虛」上面。

家人2：「嗯……原來你最近覺得很難過、很空虛。」

「你的表情真的看起來很難過。」

再次重述對方的情緒，一起停留在那份情感上，就能有緩解負面情緒的效果。

偶爾和身邊的人保持距離

我的工作是在諮商室慢慢觀察諮商者的情緒，因此經常會聽到類似的故事。

「醫生，我遇到困難的時候，就會直接聯絡可以提供幫助的地方，但是我身邊有些人卻會先打電話給家人，我有點驚訝。」

這麼一想，那名諮商者說的話很有道理。發生車禍時，為了盡快解決問題，必須聯絡警察或保險公司；家電產品故障時，打電話給售後服務中心才是最快解決問題的方法。但是很多人遇到困難時，都會先打電話給家人或朋友，這其實是為了得到心靈的安慰。即使不能馬上解決問題，但向某人傳達我的困難後，心情不知道為什麼就會放鬆下來。其實，仔細觀察剛才提到的諮商者所表達的驚訝心情後，會發現在驚訝底下隱藏著他的羨慕和想要與此有所連結的渴望。我們都希望能與他人「順利」連結，所以當關係無法調解開來時，就會容易受傷。

北卡羅來納大學的精神科教授史蒂芬．W．波格斯（Stephen W. Porges）說，在哺乳動物上發現了新的迷走神經，稱為腹側迷走神經（ventral vagus nerve）[9]。如果活化了腹側迷走神經，我們就能夠仔細傾聽、注視對方並安慰彼此；但是當壓力過大或在關係中受到傷害時，腹側迷走神經就無法發揮作用，此時人們很容易緊張和誤會他人。

「醫生，我覺得很奇怪，最近我連跟朋友們見面都會感到受傷，所以變得很害怕見人。」

「最近我不知道為什麼總是和人們發生衝突！」

如果從周圍的人身上接受到負面情緒，我們就會本能地感到煩躁或憤怒。「為什麼只有我被這樣對待？」、「你竟然對我講那種話，實在是忍無可忍，你一定是在輕視我，真讓人不爽！」通常這種反應在心理學上被稱為「投射（projection）」，簡單來說就是「責怪別人」，把所有情況因素全部推卸到外界，直到認為不是自己的錯時，心裡才會比較舒服。但如果這種狀況反覆出現，關係就會開始破裂，而且也沒有人喜歡每次都責怪別人的人，最後想法就會變成，「是不是因為我太爛了？」、「因為我太爛了，所以大家才會輕易小看我。」

L曾在人際關係中受過重傷，因為憂鬱症和反覆的酒精中毒而住

9. 主掌情感交流、安全意識以及社會參與系統的迷走神經。

院接受治療。那時候，L連續好幾天都無法入睡，在身體變得很敏感的狀態下，住進陌生的醫院，為了適應費了很大的心力。醫院的護理師們要照顧許多患者，同時還要管理藥物，L看到這些護理師在開會的模樣，以為他們在說自己的壞話，說自己是「很難應付的人」，實際上，他們只是表情嚴肅地在進行關於主要藥物清單的會議。L當時很憂鬱，覺得全世界的人都討厭自己，所以將周圍的人的嚴肅表情或情緒連結到自己身上，自行進行了解釋。如果曾經有過好幾次被別人拒絕或被排擠的經驗，就會很難把中立的刺激想成是「也有可能會是別種情況」或「那應該和我沒有關係」。在許多人一起玩的球類遊戲心理實驗中，故意排擠一個人，結果被排除的那個人陷入了極大的憂鬱感，雖然只是沒有接到球，並不是什麼大事，但我們還是會有那種感受。

需要和他人保持距離時

幾年前，我曾經參加過一個學會，午餐時間是一邊聽會議分享一邊吃便當，便當從十幾位參加者落坐的長桌兩端分送下去，我坐在桌子正中間，從兩端傳來的便當剛好傳到我隔壁時就沒了。我的運氣真的很差，那天參加者特別多，便當被拿光了，我最後沒能吃到午餐。那時候我的工作壓力很大，再加上學會沒有為參加者的飲食做足準備，這種憤怒連帶引起了劇烈的煩躁感，會議內容我當然也聽不進去。

如果那天心情很平靜，沒有什麼壓力或者沒有那麼餓，我或許會覺得參加完學會再去吃飯，或者以「等一下早點吃晚餐就好了」的想法簡單地帶過。但是當時我已經積累了很多疲勞，一直嘆氣並自嘲地說：「沒有一件事順利的。」有時候學會準備的便當可能不夠，有時候也會遇到一些壞心眼的人不斷刺激我；每次都準時到達的公車或捷運那天居然晚點，或者沒有帶雨傘出來卻下了大雨。但是仔細想想，我們不會記得所有運氣不好或是對自己來說很辛苦的瞬間，只有在狀態不好的日子裡或保護自己情緒的防護罩變弱的時候，突然席捲而來的關係傷口才會長期留在心中。

「醫生，我怕如果不見任何人，我就會變得太孤單，所以總是強迫自己去見人，但每次見面的時候，我都會感到受傷。」

此時我會給的建議如下：

「偶爾自己一個人也沒關係，自己安靜地度過時間並安慰自己也會有幫助。現在可以試著聯絡那些完全認同原本的你、願意為你加油並讓你感到安心的人。你可以等待保護你的情緒防護罩變得堅固一點時，再像平時那樣建立起廣闊的人際關係。現在的你只是需要保持一點距離。」

因為關係受到的傷害可以透過另一段良好的關係得到解決，但是如果現在的身體狀態不好，最好擁有一段屬於自己的休息時間。此時拒絕對自己伸出手的某人的提議，並不代表永遠不會再見面，請權衡一下哪一邊更加重要，是想和人建立關係的心情，還是「只因他人瑣碎的一句話就受傷」的我當下的狀態。如果覺得心上的傷口比較沉重，那現在你應該要和他人保持一定的距離。

用文字記下好的關係

我就讀醫學系的時候，每天的學習量都很大，我和朋友們時常處於掙扎的狀態，因為只要有一個科目不及格，就要再重修一個學期的課，所以每次考試的壓力都很大。當時系上的新聞編輯部做了一則有趣的問卷調查，吸引了大家的目光。

Q：

當你說出「我好像搞砸了這次考試」時，最希望聽到對方回答什麼？

A：

1. 你這樣真的不行，下次好好讀書吧！
2. 你也是？我也搞砸了……

2的回答占絕大多數。當感到痛苦或疲憊的時候，最能發揮到安慰效果的話是「原來不是只有我這樣」。當不是只有我這樣的時候，我可以歸屬到我想要的多數團體中，在所有人都很辛苦的情況下，我就會有可以自主去做點什麼的空間。所有人都沒拿到分數，不是只有我搞砸了考試，因此教授很有可能會上調分數或給予更多機會。

史丹佛大學醫學院神經外科醫師保羅．卡拉尼提（Paul Kalanithi）在他的著作《當呼吸化為空氣》中表示：「癌症復發時，我的心情就像是從主詞變成了受詞。」也就是說，「生病的人」不僅代表要接受治療，還會動搖人生的自主性。英語的「患者」是「patient」，從詞源來看，其意義蘊含著忍受痛苦的人，也就是接受治療的「對象」。

感到焦慮或覺得自己的存在很渺小時，折磨我們的其實是「只有我是這個樣子」的痛苦感受。也就是說，我覺得被多數人所屬的團體排除在外，我可以自主去做的空間變小，而且需要他人的幫助。很多人都會猶豫要不要去看精神健康醫學科，這種恐懼來自於擔心自己一旦去醫院看診，就會成為與他人不同的「有病的人」。這些情緒都是源自於同樣的脈絡。

可以撫平崩潰心靈的小方法

為了不要讓自己變成心靈崩潰後需要別人幫助的狀態，有什麼可以做的呢？可以馬上開始做的、既簡單又有效的方法當然就是「書寫」。我對諮商者們說，如果感到很痛苦和疲憊卻沒辦法馬上來諮商的話，可以用文字記錄下那個時刻。請思考一下，學生時期不是都會把無法跟別人說的心事寫在日記裡嗎？也會和朋友們寫交換日記。但很神奇的是，我們在脫離學生時代後，就開始覺得寫日記或寫作非常彆扭。

當覺得很難擺脫熊熊燃燒的負面情緒漩渦，或者情緒過於激動時，要和他人對話並不容易。除此之外，對於對方的小失誤或過錯也會變得很敏感，反而更容易受傷。當痛苦不安在腦海中翻騰時，將感受逐一抒發成文字，會讓情緒在不知不覺中平穩下來，可以將一連串痛苦的事情整理清楚。雖然是自己的事情，但透過這個過程會產生客觀的視角，描述某件事情並專注於那一瞬間的情緒，可以獲得看見現實、過去和未來的力量。席捲而來的模糊情緒只要被脫去層層的外衣，就可以看清「焦慮」、「孤單」、「羞恥」等本來的真面目。

最近的研究顯示，我們的大腦儲存記憶的地方會根據記憶的「性質」改變。如果關於情緒的部分變得鬆弛，就會以「語義記憶」的形式儲存在大腦上半部的「頂葉」；若把我身上發生的事情和有關那件事情的情緒平靜地用文字寫下來，「憤怒」、「恐懼」等強烈的情緒被弱化成「孤單」、「希望」、「對於愛的渴望」、「對於人情的欲望」等，記憶就會安全地移動，變成「是啊，我在那時候遇過那種事情！」這種可以承受的記憶中。寫下來的文字對於自身，以及和自己經歷相同困難的許多人來說，能夠起到「並不是只有我這樣」的心理安慰效果。

人際關係應該要既有彈性又堅固

「打造不會捲入任何關係的心理。」

如果把和某個人的關係比喻成自己必須承受的重量，就可以很容易理解。我們在舉起某個東西時，需要承受重力，太重就會搖搖晃晃，如果長時間拿著走動，一定會覺得很累，但又不能因為不想走路或很難拿起來，就隨便躺下來。儘管如此，只要持續練習，就會產生肌肉，人際關係也可以像這樣透過練習變得堅固。像是孩子在出生後，如果想要學會爬行、坐下、走路、跑步，就需要認識自己的身體，不斷練習踏出堅定的腳步。我們應該持續思考在自己和他人的關係中，自己是否能夠負擔、是否感到很吃力；或者其實自己可以負荷，但卻離那個對象太遠了。

例如，舉重選手在舉槓鈴時，會盡量讓沉重的槓鈴緊貼著身體，先在胸口的高度左右休息一次，一邊喘口氣，一邊思考是否舉得起來，再集氣舉起來。經判斷後決定用力舉起來時，如果覺得太沉重，就應該迅速安全地放到地板上。如果勉強自己繼續舉起，或者沒有好好地緊貼著胸口，因為太重就直接把槓鈴往下放，會發生什麼事呢？自己可能就會受槓鈴的重量影響而摔倒或砸到腳受傷。如果曾經因為自己無法負重而受過傷，那個恐懼感就會讓自己再也不敢舉槓鈴。

人際關係也與此類似，我們只要出現一次負面情緒，就會本能地不知不覺表現出具有攻擊性或逃避的反應。應該要舉起重物，但因為太討厭了，所以手臂伸得很遠，變得更難承受重力，如此一來只會覺得更加沉重和費力。另一種情況是，我已經承受著相當的重量，但常常有人增加我肩膀上的負擔，如果錯過放下的時機，就可能會被負擔壓得突然倒下，或者因為承擔那份重量而損害健康。這些比喻的重點在於，我們必須認為自己可以決定和控制所有的過程，也就是為了自己來決定承擔的關係重量，至於能夠承受多少重量，則需要不斷的練習。我經常問諮商者以下這種比喻性的問題，如果你在一段困難的關係中受苦，請問問看自己：

1. 你是因為不想舉槓鈴，才因為那個重量而搖搖晃晃嗎？

那麼再靠近一點吧。不管是同事、朋友還是家人，衡量一下那個重量，不要抓得遠遠地，拉近一點距離吧。試著理解他們的心情，不要生氣或指責他們。你是不是因為不想靠得太近，所以離得遠遠的、避免對到眼睛，講話也有所防備呢？如果你想確實保持距離，其實不用舉起槓鈴，直接放下就可以了。不過如果那樣做的話，心裡會莫名感到不自在，我們之所以會痛苦是因為我們和他們的關係並不能完全切斷。每段關係的背後都存在很多面向，雖然職場生活中的人際令人感到很辛苦，但是由於工資還不錯、福利很好、通勤距離很短等其他條件，導致我們無法輕易決定離職。

那麼請對自己信心喊話，「我要用更簡單一點的方式解開關係」、「我應該可以稍微鍛鍊一下」。請記得越是努力靠近去理解他們，越容易把槓鈴舉起來，就像把槓鈴舉到胸前一樣。

如果我們懷抱著討厭對方的心情接近對方，就會不自覺地說出一些帶刺的話或有所防備的話，此時，請思考一下自己是怎麼處理與這個人的關係。

2. 你覺得手上的槓鈴太沉重了嗎？

有時候儘管正在承受的人際關係過於沉重和吃力，卻還是堅持了很久，這或許是因為你忘記了放下的方法，或者不知道怎麼放下。此時最重要的是，我們可以自己決定要不要放下。請你一定要記住，每個人能夠負荷的重量都不一樣，選擇要在何時放下是我自己的權利，雖然現在放下了，但是以後再次嘗試時，可能就會有力氣負擔更多的重量。有時候試著練習放下讓自己難受的關係，只承受你想要承受的適當重量吧。

透過書籍學習的關係課程

「冥想就是滿足自己的要求。你的目標必須是只在需要的時候打開手機和電腦。」

——《冥想謀殺》（*Achtsam Morden*，暫譯），卡斯藤．杜斯（Karsten Dusse）著

本書居然結合了現代人最近關注的冥想與完全不搭調的謀殺，這個新鮮的題材從第一章開始就令人無法移開視線，是一本會讓人想全心投入閱讀的小說。但是比起整體小說的內容，我對角色之間的關係和心理更感興趣。

主角是一名律師，因為工作太多，與家人的關係越來越疏遠。他安慰自己，幫黑社會組織辯護都是為了家人。雖然透過幫忙處理非法業務的後續事宜，獲得了巨額利益，但是主角的生活卻越來越疲乏

無力，與妻子的關係也開始出現裂痕。他把因摩擦而產生裂痕的狀態，比喻成「在名為夫妻的花盆裡，加上了愛情，但因為沒有澆水還是枯萎了」，這個比喻真的很貼切。

夫妻或家人與情侶之間共享的炙熱愛情層次有點不同，應該說是關係的範圍更廣嗎？在分享愛情的情侶之間，通常只會專注在喜歡的情緒，愛一個人並被對方深入理解，這為我們的大腦提供了非常多的滿足，因為那一刻的戀人看起來太完美、太可愛了，我們的眼裡看不見其他的缺點。主角和現在的妻子在律師事務所相識，互相彌補不足之處，深受彼此吸引，但是開始一起生活之後，比起甜蜜的愛情，夫妻之間存在更多責任、經濟、健康、育兒和雙方家庭等問題。

就連在戀愛期間沒什麼特別的問題，一直維持良好關係的情侶，也會在結婚、生小孩之後，遇到貸款或雙方長輩中有人生病等問題時，承受壓力和經濟上的負擔。夫妻之間應該互相安慰和依靠，卻經常單方面渴求愛情或要求對方滿足自己的欲望。主角比約恩的妻子因為自己一個人照顧小孩感到很辛苦，丈夫在凌晨出門、半夜回家後說的話，卻全是關於黑社會犯罪的事情；而要和才剛開始學走路的嬰兒分享生活、談論育兒也不是一件容易的事情。對於妻子而言，丈夫簡直就和付錢住在家裡的旅客沒什麼兩樣。她需要丈夫的愛和關心，但這些卻很難溫和地用話語表達出來。

當感到孤單或淒涼的時候，任何人都會恥於展現出真實的情緒，此時很多人會選擇發脾氣，「怎麼這麼晚回來？我們到此結束吧！」精神分析家兼《羞恥之眼》（*Mother-Infant Attachment and Psychoanalysis: The Eyes of Shame*，暫譯）的作者瑪麗・艾爾斯（Mary Ayers）把這表達成「自我破壞性的羞恥心」，得不到愛、沒有資格得到愛的想法，會讓自己感受到深切的孤單和悲傷等情緒。在那些脆弱的情緒作祟的期間，我們經常會覺得羞恥，因而受到傷害、破壞關係。

很多感受不到孤單或難過等脆弱情緒，或者難以擺脫羞恥心的人，很容易生氣、拒絕對話並逃跑。主角比約恩也和大部分的丈夫一樣，因為難以承受妻子的憤怒而選擇逃跑；相對地，職場上努力多少就能獲得多少酬勞，也有和自己保持適當的距離並且肯定自己的同事們。在社會地位很高、工作報酬又高的情況下，為了逃避關係中的傷害而成為工作狂的例子並不少。

比約恩在妻子的建議下開始冥想，此時工作和家庭迎來了轉折點。比約恩專注在呼吸上，不被迷惘的未來或過去給束縛，得以停留在當下；與此同時，他殺死了妨礙自己和家人相處的時間並且對自己提出過度要求的委託人，也就是犯罪組織的首領。這個場面帶給我的感覺，與其說是令人毛骨悚然的殺人推理小說，更像是主角進行冥想的過程。他把犯罪組織的首領關在後車廂，再也沒有打開來，這是一個單純的故事情節，在主角冥想並陪伴家人的期間，那個人逐漸死去。

這個要素或許也可以做出非常具有象徵性意義的解釋。我們在承受太多壓力的某個瞬間，就會產生想要消失的衝動，或者像這部小說一樣，把讓自己感到痛苦的東西關在後車廂，永遠都不想拿出來，可見主角的心已經近乎走投無路了。在許多童話故事或傳說中，主角會為了救出美麗的公主，帥氣地擊退（殺死）怪物，比約恩也把怪物關在後車廂，專注在冥想上，和孩子玩水、吃飯、享受當下並慢慢地修復關係。如果將這一段解釋為具有象徵意義，那就代表我們為了維持珍貴的關係，需要將除了我愛的人之外的其他問題關在後車廂。

我記得我在一家偶然光顧的餐廳裡，看見一個點完餐在等待上餐的家庭，父母和兩名小孩在等待的時候，都沒有看對方的臉和眼睛，一直忙著低頭看手機。在大家都聚在一起的寶貴時光，我很好奇他們到底在做什麼重要的事情，於是偷偷看了一眼他們的手機畫面。小孩在忙著玩手機遊戲、跟別人傳訊息，父母則在看網路新聞。這就等同於不和眼前心愛的人分享自己的心情，反而讓控制我的暴力分子委託人坐上同一輛車。在這部小說中，作者或許是在偷偷地對我們強調，為了與心愛的人真心相連，我們需要每分每秒都專注在那個人身上，並把急迫的工作暫時關在名為從容的後車廂。

第 **4** 章

我讓我自由

讓無精打采的我改變的儀式

「我知道應該要去散步和運動，但總是行不通！」
「我會突然很生氣，我也不太清楚自己的心！」
「我一到假日就會整天躺著！」
「我會透過吃美食來抒壓，結果不只變胖了，還失去自信！」

有壓力就會什麼都不想做，覺得每件事情都很麻煩，所以躺在床上，隨便吃麵包或泡麵等沒有營養價值的高精製食品和速食充飢，每件事都讓自己感到煩躁，變得無精打采。是因為不規律的生活才逐漸變得無精打采，還是因為變得無精打采才什麼都不想做、生活變得一團糟？就連因果都搞不清楚。雖然每天在諮商室裡傾訴相似苦惱的他們也知道「現在這種情況並不好」，但是他們不會做出改變的行動，知道和付諸行動完全是兩回事。

在公司承受一堆壓力後回到家，但就連在家裡也無法好好休息，因為如果和家人之間的關係也讓自己很頭痛，就會被好像什麼都解決不了的情緒給壓垮，我們的自尊因而跌入谷底，陷入不知道該從哪裡開始解決的狀態。就如同在大海中央遇到暴風雨一樣，當船因為暴雨搖晃時，首先應該要避雨並且保持身體的平衡，這時候如果先思考目的地和航行的方向，反而會讓我們更加混亂。

我們的生活也一樣，如果現在的處境很痛苦，實在不知道從哪裡開始著手，很難一開始就考慮遙遠的未來目標。在準備就業而感到痛苦時，如果想著明年到底能不能錄取、要是錄取了自己能不能好好適應等問題，就會感到害怕和焦慮，體內的壓力荷爾蒙如噴泉般湧出，讓自己更加難受，這麼一來，更無法了解內心的心情和想法。茫然的煩躁、憂鬱、焦慮等席捲而來，變得只想躺在床上什麼都不做，或者無緣無故對身邊的人發火，所有人應該都曾經有過這種經驗。

此時，周圍的建議不僅聽起來沒有幫助，反而更像是嘮叨，點燃了心中的怒火。原封不動地接受並理解對方辛苦的情況或心情，需要消耗大量的能量，因為當我們看到對方難受或傷心的表情，大腦就會原封不動地感受到對方的心情，這就是鏡像神經元的作用。此時，我們會本能地不想感受到那種難受的情緒、想要迴避那個情況，希望對方能快點脫離那種難受的狀態，所以我們會單純出於善良的本意說：「加油！」、「吃好吃的東西，打起精神來！」但是如果這種程度的鼓勵就能產生力量，那麼應該靠自己就可以克服困境了。每個人都知道方法是什麼，對自己說了：「你應該要加把勁，加油啊！」卻還是沒去行動。如果已經被親友們鼓舞好幾次了，卻沒有什麼效果，此時可能會有人採取更強勁的做法。

例如，「你應該要狠下心來，這麼軟弱是能做什麼？」、「其他人的生活也差不多都是這樣，我遇過更辛苦的事情，這並不算什麼。」但是這種話對於無精打采、受到傷害的人來說，沒有任何效果，只會讓他們覺得，「我現在真的很辛苦，這跟還有更辛苦的人有什麼關係？那不就表示我的痛苦不算什麼嗎？原來你還是無法理解我。」

重複維持我的好習慣

無精打采的心情支配自己的時候，來做瑣碎的、具有重複性的活動吧，沒有必要對瑣碎的事情賦予太大的意義。最近網路上有很多關於「尋找自己的儀式」的文章，請把那想成是「重複維持的日常好習慣」，透過重複性的行動尋找快樂，再自我賦予意義。要是想先賦予很大的意義、仔細思考之後再開始行動，通常根本行動不起來，但是簡易的活動卻可以在什麼都不想的狀態下輕鬆地開始。例如，如果你處於沒有任何動力，只想躺著的狀態，試試看每天在同樣的時間去操場走走吧。雖然決定了要每天在相同時間「去操場走三圈」，但一開始應該會覺得很麻煩又辛苦，「這樣做會瘦嗎？對心情有幫助嗎？」此時請下定決心，「既然我已經決定要做了，就先做做看吧。」

重複做著自己認為有價值而選擇的活動，而不是因為別人強迫才做。如果覺得心情變好了，那就是回饋自己的巨大「獎勵」。你覺得繞操場走路太累了嗎？那麼做居家運動也不錯。我也有過類似的經驗，我曾經因為在醫院工作的各種壓力，下班之後只想一動不動地躺著，但不知道為什麼，只是躺著反而會變得更無力，所以我開始每天做五分鐘的深蹲和全身拉筋運動，因為只有五分鐘，所以不會有太大的負擔，運動的當下雖然很累，但還可以承受。我沒有「我必須要有熱情、我一定要瘦下來」之類的宏偉目標，只是開始累積一些小習慣，這不僅有助於轉換心情，連我的大腿肌肉也變得越來越結實了。

事實上，我因為過度工作和各種壓力，導致身心俱疲，所以決定做一些有意義的活動，除了自我滿足，也可以帶來讓自己心情變好的加乘效果。如果那個活動可以和其他人一起進行，甚至能夠激勵自己，那就再好不過了。想要讓無精打采地躺在醫院裡的住院患者起來散步，我們應該陪他們一起散步或為他們加油，而非對他們說明「運動的必要性」。在我工作的醫院裡，醫生們會陪著患者踩著草皮散步，並且送運動量達標的人一杯飲料做為獎勵。

儘管患者們一開始是在醫護人員的鼓勵下才勉強開始散步，但沒過多久他們便自己意識到散步的樂趣並看見了努力運動的自己。「你今天也出來散步喔！」我很高興地對他們打招呼，住院患者們回答：「對啊！最近很習慣出來。」

最近流行的許多「儀式感」活動就是重複做自己選擇、且自己決定價值的事情，同時獲得快樂當作回報。關鍵在於價值由自己決定和賦予，而非他人強迫的。把生活的重心放在自己的內心而非外部真的很重要，哪怕每天只花十分鐘也好，不管做什麼，只要擁有屬於自己的時間，就足以提高自己的自尊心。

最後，如果可以和別人分享「我正在這樣子照顧自己」的心情並且得到鼓舞，就會更加振奮和充滿力量。在新冠疫情時期，我們很難找到可以一起進行活動並互相鼓勵的線下空間，此時可以透過線上的非面對面社團活動，將為了自己而做的小活動付諸實踐。

送寵物離開後，該如何整理心情

「『馴服』到底是什麼意思哪？」
「那是一種常被忽視的行為，意思就是『造成約束』。」
「請——請馴服我！」
「想馴服你，得先要做些什麼？」
「你得非常有耐心。」
——《小王子》，聖．修伯里著，布拉格文創社（二〇二二）

和他人建立關係並了解對方需要有耐心，人們經常忘記這一點。為了維持長久穩定的關係，我們需要承認並接受自己和他人的不同，有時候還要等待，但是我們真的對這種等待感到很陌生，如果提出的要求不能馬上被解決，就會有越來越多人表達憤怒。在這個非面對面的社會，斷開連結變得太容易了，要是在對話過程中出現意見分歧或傷到了感情，就只需要封鎖對方或直接離開虛擬空間。

相對的，如果虛擬空間裡的參與者對我所說的話沒有任何反應或直接離開，就會給自己留下很大的傷害。在無法見面的狀態下，人們很容易因為彼此而受傷，雖然可以很輕易地切斷關係，但也正因為如此，得到心靈安慰和建立關係變得更加困難。就像是比起說「我懂你」這句話，用擔心的表情陪在身邊能夠提供更多安慰一樣，肢體語言等非語言的表情可以傳達更多東西。從這一點來看，寵物可以說是在我們身邊提供了很有活力的安慰。我給予寵物多少愛，牠們就會如實回應，不會因為我們表現出心情的高低起伏或因為很忙而疏忽牠們就生氣。

一直停留在我身邊，始終如一地歡迎我、跟隨我的樣子，或許就是寵物們的無限耐心，富有感情的安慰像對總是飢渴的現代人伸出手說出「請馴服我」。和寵物一起散步、彼此對視、感受情緒和溝通，可以滿足關係的最根本需求，也可以成為撫慰人們傷口的管道。

送走養了多年的小狗之後，諮商者P的憂鬱變得更嚴重，他對我說：

「我現在比父母過世的時候還要難過，因為我的小孩都結婚了，我很少和他們見面，但是只要我回家，小狗每天都會搖著尾巴跑過來，那真的安慰了我。」

就像P說的那樣，和寵物的關係與人際關係截然不同。與孩子的關係需要更長、更深的磨合，當我無私地付出愛並且盡心盡力照顧的孩子長大離開自己身邊時，我已經老去，逐漸沒有氣力。就好像在接力賽跑一樣，看著孩子從我身上獲得能量好好地長大，我會覺得很有成就感，也很欣慰；但看著孩子們不需要我的幫助就可以奮力狂奔，我卻需要接受自己已經越來越老、需要別人照顧的事實，這一點有時令人難過。不過寵物的壽命大多比我們還要短，寵物之於我們不是接力賽跑，而是一起奔跑。人類陪伴並照顧寵物從出生到死亡的整個過程，從某些方面來看，似乎可以說是人生的縮影。不久前，父母送走養了十六年的愛犬，他們在狗狗快離開的最後那兩、三個月心裡非常難受，因為看著牠受苦的時刻實在是太令人心痛了，他們甚至表示以後再也不想養狗。

我也有感受過類似的情緒，所以能充分理解那種心情。寵物以前可以捧在掌心那小巧可愛的模樣消失得無影無蹤，如今無力地躺在地上，背後暖呼呼的白毛令人想起過世的奶奶。父母可能是把你們上了年紀的樣子，投射到小狗身上，才覺得更加難受和悲傷。不管對象是人還是動物，建立關係是指一起度過快樂和幸福的時刻，與此同時，或許還包括抱著耐心、時常守候在身旁並照顧彼此的傷痛，我們常常在人生中略過這一部分。與其因為害怕離別而不去見任何人，不如接受我們人生的原本面貌，把和寵物的關係投射到人際關係之間。

因爲喪失寵物症候群感到痛苦時

大多與寵物分離的人都會因喪失寵物症候群感到非常難過，如果突然失去已經形成依附關係的寵物，就會感受到與失去重要的對象相似的心情。精神醫學家伊莉莎白・庫伯勒─羅絲（Elisabeth Kübler-Ross）將喪失的過程分成「否認、憤怒、討價還價、沮喪、接受」五個階段並進行了說明，雖然不是所有人都會經歷這五個階段，也不會完全按照順序出現，但如果提前知道失去珍視的人時自然而然會感到生氣和傷心的話，有助於克服這些情緒。

充分表達和分享難過的情緒也有助於克服這樣的心情，在家人過世時舉行喪禮並一同分享悲傷具有重大的意義：我理所當然的感傷情緒被他人認同，公開地展現出來，從而得到安慰。失去寵物時也是一樣。不對任何人傾訴心聲，裝作若無其事、一直壓抑自己並不是一件好事，被壓抑下來的心情很有可能會在以後突然爆發，變得更加難受。如果很難向別人傾訴，那麼請試試看用日記或寫信的方式來表達難過的心情或情緒吧。請你一定要記住，人感到悲傷，是很理所當然的。

植物提供的綠色安慰

為了提供患者們更好的治療環境，醫院開始了裝修工程，在這段期間，患者和醫療人員必須搬離熟悉的病床，因而引起了一些混亂。就好像儘管農村的環境很乾淨又美好，卻還是突然建議堅持想留在農村生活的老人搬到都市去一樣，我們都希望住在熟悉的地方，因為身邊有熟悉的鄰居、處在被熟悉的家具包圍的空間，能夠有安心的感覺；反之，當我們身處陌生的地方時，就會感到相當大的壓力。有一天，我看著所有的患者都已經搬離的空蕩蕩病房，那時是冬天，暖氣都已被切斷，氛圍格外淒涼和冷清。

擺放在醫院大廳角落的兩個大盆栽映入我的眼簾，兩棵樹正在枯萎，葉子幾乎快掉光了。這兩棵樹是在搬離之前，住院患者和醫護人員很用心照顧的植物，不過才幾個月前，它們還長滿葉子，非常有存在感。這些樹木或許可以說是患者和醫療人員的內心象徵。心理創傷研究的權威兼UCLA醫學院教授丹尼爾・席格用容納之窗的概念，象徵性地比喻我們克服壓力的程度；此外，在《減壓、療傷、自癒的正念調節法》書中，也介紹了如何擴大容納之窗來克服壓力的方法。我們想要改變內心所付出的努力，以及諮商師們提供的協助，都可以說是在擴大容納之窗。如果內心的從容變少，不僅會疏於照顧自己，連環顧周圍也會不敢。

在令人暈頭轉向的搬家過程中，兩棵樹木被留在原地，這或許象徵性地反映出醫療人員和患者心中的容納之窗變窄了。當人們感到疲憊時，就會忽略對其他事物的照顧，「這是大家一起欣賞的盆栽，為什麼是我要幫它澆水？」、「照顧患者已經那麼累了，我還要照顧盆栽嗎？」根據承受壓力的程度，盆栽從安慰我心靈和給予我快樂的對象，轉變成我必須承擔的「工作」，如此一來就會產生這種疑問——「我們為什麼要照顧植物？」、「只有心靈寬裕的人才有餘裕照顧植物嗎？」葛文德（Atul Gawande）在《凝視死亡》中寫道，讓沒有氣力的療養院患者照顧小鳥、小狗和植物等，可以幫助患者找回活力。

照顧植物時獲得的力量

如果我對諮商者說：「請練習看看照顧自己。」大部分的人都會回答：「我不知道該怎麼安慰自己的心。」對於人類這種群居動物來說，最艱辛的事情或許就是安慰自己，此時可以輕鬆地提供撫慰並使人獲得慰藉的事情就是照顧植物。植物生長緩慢，且會隨著我們的付出成長，還有翠綠的顏色、鬆軟的泥土和淡淡的草香。我們為什麼會在盡心盡力照顧著某事物的時候，覺得心靈被淨化呢？這是因為主導的感覺會成為我們人生的巨大動力，用自身的力量去照顧一個生物並獲得結果，代表我擁有很強大的力量，而且植物不太會辜負我們的努力，即我們付出多少愛，植物就會成長多少，以示回報。

我也有過類似的經驗，那時不知道該把生活的重心放在哪裡，只顧著嘆息。某天諮商室裡的淡綠色垂榕枯萎的樣子映入眼簾，那就好像是我疲憊的心。因為我曾經把通常都長得很好的仙人掌養到枯死，所以當時我很認真地學習了有關植物的知識並盡心盡力地照顧它們，但看到枯萎葉子的那一瞬間，我想起了植物園老闆的話，「請養在通風良好的地方」，於是我把盆栽移到了通風良好、陽光充足的醫院大廳咖啡廳靠窗的位置。

當時醫院大廳或窗邊一個盆栽都沒有，雖然我和醫院的同事討論過很多次，但是由於「以前曾經種過盆栽，但很快就枯死了，大家工作都很忙，沒有可以定期照顧的人」等原因，植物無法留在醫院大廳。我放下盆栽並且下定決心，「我絕對不會養死它。」我每天都會去咖啡廳外帶咖啡，然後摸摸葉子、輕輕地掃過泥土，查看是否需要澆水。令人驚訝的是，泥土竟然濕濕的，好像有人幫忙澆過水。這麼一想，最近有很多同事說植物長得很漂亮，開始對它感興趣，還問了它的名字，表示心情自然而然被它療癒了。澆水的人應該是他們之間的其中一人吧？我到現在仍然不得而知。

諮商室裡盆栽的生長與我所付出的努力成正比，長出了很多新芽。植物長出新芽的期間，我們的身心也感覺被淨化了。從新冠疫情爆發到現在為止，我又多種了許多盆栽並開始定期買花。為了讓花期維持久一點，我會在剪掉花莖後，把花插在裝滿涼水的花瓶裡，這個時刻和每天摸樹木葉子的過程，就好像是在冥想一樣，不過度在乎速度和結果，能夠感受到專注在那個瞬間的快樂。歷史上從來沒有綠色的自然植物威脅人類的例子，反而是乾旱或洪水造成的乾涸土壤，進而對人類形成了威脅。我們本能地覺得走在充滿行道樹的路上時，心情會變得平靜；當我們走過連一棵樹都沒有的、由混凝土建築物構成的市中心時，就會莫名感到疲憊。也就是說，泥土和植物帶來的安心感已經刻在我們的基因裡了。

諮商者們戴著口罩，身心都極為緊張地走進諮商室，坐下看著我，視線停留在諮商室裡的幾個盆栽和絢麗的鮮花上。在我和諮商者開始聊天之前，有很多人對我說，他們已經在這個地方得到了慰藉。

「醫生，我最近不知道為什麼變得很焦躁，在人際關係的應對上感到很吃力，但是在看到植物的這一刻，我卻莫名覺得被安慰了。」

樹木受到身為醫療人員的我和諮商者們的喜愛和關心，長出了兩倍多的葉子。就像是每天看起來差不多的葉子突然在一、二年內生長了兩倍一樣，期望來過這個地方的人的容納之窗也能隨之擴大。

心痛的話，身體也會痛

「醫師！妳的眼睛又……」

如果進行太多諮商或者有過度費心的事情，我的眼睛就會出現血絲。最近一年間，我以為不會出現這個症狀，沒想到一個星期內竟然出現兩次，讓我很緊張，好像該重新打起精神了。在人際關係中，如果承受很大的壓力或感到辛苦，身體也會跟著不舒服，大家應該都有過這種經驗。有時候頭痛，有時候消化不良或拉肚子，但去內科檢查卻沒什麼問題，這經常被稱為「神經性症狀」，醫學上稱為「體化症（somatization disorder）」。我身邊也常有這種人，大家叫他去看醫生時不要有壓力，好好地休息，但他總是做不到。不久前來醫院的一名諮商者也苦笑著說：「內科醫生說那是神經性症狀，要我放下壓力，好好休息，但這哪像說的那麼容易做到！」

實際上，受這個症狀折磨的人正承受著巨大的疼痛和不適，因此絕對不能認為他們在裝病。即使沒有一眼就能看出的明顯病變，也一定會有身體機能的問題，主要的症狀出現在受到自律神經系統影響的內臟器官，所以他們會感到不適。根據韓國的一項調查顯示，在內科接受住院治療的患者中，約71％屬於體化症，也就是說，因壓力而引發或因壓力導致原本疾病惡化的情況真的很多。出現這種症狀的原因主要有壓力、遺傳因素、心理矛盾等，生物學因素大致上可以想成是外部壓力造成，與過度攝取咖啡因、鈉、尼古丁有關，也可以考慮到噪音、汙染、氣候等因素，不規律的生理時鐘也會影響。在這裡舉一個極端的例子，就像是你常常在噪音和霧霾很嚴重的地方抽菸與喝咖啡，而且只吃速食並在晝夜顛倒的狀態下持續工作。

如果我們的身體持續承受壓力，自律神經系統就會過度活絡，壓力荷爾蒙分泌過多，導致生理時鐘被打亂；此外，免疫力也會下降，變得容易感冒或感染傳染病。也有一些性格類型容易受壓力影響，其中A型性格最廣為人知。這裡所說的性格類型是由美國心臟專家弗里德曼（Friedman）等人研究提出，A型性格容易患有心血管疾病，該性格急躁、有野心、具攻擊性、競爭心強，對每件事情都很細心，重視成就，B型則為與A相反的鬆散性格。由於A型人的身體一直處於緊張狀態，容易引發心絞痛或心肌梗塞等冠狀動脈疾病。此外，性格焦慮的人也容易受到慢性壓力折磨。

「我不清楚自己的心情！我好像很憂鬱，又好像不是！」

患有體化症的人，即在承受壓力的情況之下經常生病的人，與出現焦慮或憂鬱症狀的人相比，不太能意識到自己正在承受的壓力，也就是壓力在不自覺間引發了身體上的疾病。尤其是有些人因為覺得身體到處都痛而就診，但如果詢問他們現在的心情或情緒如何，意外地很多人都會說「我不太清楚」，或者說自己沒有想過、沒有感受過自己的情緒。

壓力帶來的東西

對於不太會表達悲傷、高興、生氣等情緒或者擁有這種傾向的人來說，體化症可能是身體發出的信號，無法意識到自己的情緒或無法用話語表達的症狀被稱為「述情障礙（Alexithymia）」。在社會上，我們必須適應生活的變化，但如果業務強度太高、背負過多的責任或周圍對自己的期待過高，超越自己可負擔的能力，我們就會承受壓力。如果職場生活很辛苦、壓力很大，我們可能會經常遲到或肚子痛，也就是說，我們的身體無法適應、感到很辛苦。如果有人因為經常遲到或腸胃疾病等而難受，我們不應該指責他們是不勤勞、在裝病，而是應該理解他們是因為無法適應現在的環境，並且幫助他們。學生也是一樣，如果為了準備考試而過度學習，或背負一定要考到好成績的壓力，身體也會生病，這也可以看作是過多壓力所引起的體化症症狀。

體化症最常出現消化系統的問題，諸如食欲下降、感到噁心、嘔吐、消化不良、脹氣等，持續腹瀉或便秘、胃潰瘍和十二指腸潰瘍也很常見。胃液分泌因為受到壓力而增加，所以會出現那些症狀很理所當然，個性上較為依賴或衝動的人也很常有這些症狀。此外，也有可能出現潰瘍性大腸炎。消化系統的症狀之所以這麼多是因為大腦和腸道的神經緊密相連，神經學家安東尼歐・達馬吉歐（Antonio Damasio）在《事物的奇怪順序》中還將腸道稱為「第二大腦」。

我們身體的免疫系統也會受到壓力狀態或生理時鐘很大的影響，因此可能出現免疫力下降引發的疾病，或因身體荷爾蒙分泌出現問題而導致的過敏反應等各種症狀，還會出現支氣管哮喘、甲狀腺疾病、糖尿病、月經不規律等。如果持續受到壓力，女性可能會出現月經週期提前或延遲，甚至突然停經的情況。

除此之外，皮膚出現問題的情況也很常見，因為皮膚上有很多感覺器官，可以成為反映情緒狀態的一面鏡子。在壓力大的狀態下而到精神健康醫學科就診的人中，有一些人的身體發癢或起疹子，也有一些人因為最近一直戴著口罩而出現皮膚問題。他們雖然同時需要接受皮膚科的治療，但也可以把最近承受的壓力等因素考量進去。

即使知道原因來自於壓力，但要完全消除或避免並不容易，因此為了預防身心俱疲，我們需要練習調節壓力。例如，服用精神科藥物可以緩解基本的身體緊張，也有助於減少模糊的身體痛症或壓力反應；嘗試一些放鬆療法、進行運動或散步等身體上的活動也很不錯；同樣推薦大家在社會上多去和人見面、聊天；也可以透過宗教活動嘗試禱告或冥想。

承受巨大壓力時還會出現一個現象，那就是身體發出的強烈信號，許多人不僅不會觀察身體的反應，甚至還會無視身體向大腦發出的訊號，很多人會在觀察自己的身體反應之前，直接對身體發出的警鐘發火以發洩。我們釋放出來的怒氣幾乎都會直接擊中比我們還弱的人，這就和反著抓刀柄一樣，對自己也不好。只有當我們靜觀身體的反應時，才能聽到超速警告的鈴聲。

爲了克服壓力

因為承受巨大壓力而感到很痛苦的時候，應該怎麼辦？我們需要放鬆一下僵硬的身體，慢慢地吐一口長氣，將身體泡在溫水中，緩解緊張的身體。感覺怎麼樣？有好一點嗎？現在開始練習觀察身體的反應吧。

1. 首先，專注在慢慢的呼吸上

長長地吐氣可以活化有助於安定的迷走神經。慢慢吸氣後，盡可能地用比吸氣更慢的速度長長地吐氣，也可以唱一首慢節奏的歌，因為唱慢歌時的發聲自然會有慢慢吐氣的效果。

2. 專注在從頭到腳的身體感覺

一開始要做到這一點並不容易，如果要諮商者在諮商時間專注在身體的感覺，有一些人會表示什麼都感覺不到，不熟悉自身感受的話，一開始會很難察覺身體有什麼感覺。這和第一次學開車時，只能專注在眼前的路上，沒辦法再看到儀表板上的時速表或測速相機是同樣的道理。

3. 如果找到身體不舒服的地方，專注在那個部位

如果感到胸悶，可以嘗試第一點提到的呼吸方法，慢慢吸氣，反覆吐氣。若是頭痛很嚴重，則可以同樣一邊使用呼吸法，一邊想像放鬆額頭或頭皮的肌肉。承受壓力時，我們往往會下意識地皺起眉頭，或者脖子和肩膀的肌肉會變得很僵硬，因而導致頭痛。胸口堵塞的感覺則是因為內臟受到壓力荷爾蒙影響所導致的結果，可以嘗試一邊慢慢地呼吸，一邊重複做放鬆肩膀和肚子的動作。

適當地適應和戰勝壓力的力量被稱為心理韌性（Resilience），這

並不是指絕對不要感受負面情緒，而是指即使有困難和壓力，也要妥善地去經歷和克服。在這個過程中，每個人都需要尋找自己可以做到的方法慢慢去適應。對於身體不舒服、無法行動的人而言，突然要他們為了減緩壓力而加入健身房和參與唱歌課程，他們或許會被嚇跑。

如果有因為壓力而感到疲憊的家人或同事，先陪他們一起散步或透過對話表達自己心中的想法吧，從簡單的階段慢慢地開始。如果不管在身邊怎麼找，都找不到可以輕鬆聊天的對象，那麼去找專家諮商也是一個不錯的方法。

好像快死掉的不安感，席捲而來的恐慌症

「最近感覺所有事情都一團亂。我的生活明明和平常一樣，實在不知道問題出在哪裡！最近感覺好像快要窒息，還以為呼吸要停止了！」

「我覺得這幾年好像太勉強自己了，而且還變胖，最近甚至開始吃高血壓的藥！」

「我的心臟怦怦狂跳，真的感覺好像快死掉一樣，但醫生卻說沒有異常！」

真的很多人因為上述類似原因來到諮商室，這就是我們至少聽過一次的「恐慌症」。突然心臟怦怦跳、身體顫抖、好像快要窒息、頭暈目眩、彷彿快要昏厥等，這些感覺反覆持續就會被診斷為恐慌症。

懷抱著好像快死掉的害怕心情接受了各種檢查後，卻被建議到精神健康醫學科接受諮商，這些人都很驚慌失措。「我的身體這麼不舒服，但你卻說心臟沒有問題？」、「不是身體生病了？」首先，他們會一邊因為沒有生大病而放下心來，一邊又覺得身體這麼不舒服，卻找不到原因，很難輕易接受這只是心理問題的說詞。雖然最近偏見減少了很多，但人對於到精神健康醫學科就診的接受門檻仍然很高，認為不接受「診斷」，我就還是「正常」，所以我必須忍到最後一刻為止，直到身心俱疲，就像被梅雨浸濕的空氣一樣，再去諮商。我們聽到的這些話中，有一半是對的、一半是錯的，心臟或其他器官沒有異常，只是指沒有心肌梗塞等疾病，並不是說我們的身心是分離的。

必須逐漸減少緊張感

如果我們持續有壓力，就會有意無意地很在意外界並且產生敏感的反應，不知不覺在大腦裡下達「現在是戰鬥狀態」的命令，整齊劃一接下命令的士兵會繼續應對戰鬥狀態，我們的心臟和內臟器官也會透過迷走神經給大腦回饋，就像在戰場上向指揮部報告一樣。像這樣承受壓力的身心互相交換信號，逐漸陷入漩渦當中。在太常收到戰鬥命令的現場上，偶爾會因為理解錯誤而進到不想投入的戰鬥中，此時恐慌症就會發作。進入隧道、上高速公路或搭乘捷運時，體內也偶爾會出現突然的戰鬥狀態。

如果問恐慌症發作的人：「你最近壓力很大嗎？」意外地有很多人會回答：「我不太清楚，好像沒什麼太大的壓力……大家不是都這樣生活嗎？我只是從以前開始就很努力生活而已……」無視並努力壓抑身心的信號已經成為了常態，他們在很長一段時間裡都沒有好好照看自己的身心。

我們的身體會透過重複交替「緊張」和「放鬆」兩種狀態來維持平衡，但如果在生活中持續緊張狀態的話，會怎麼樣呢？繃緊的繩子一定會在某個瞬間應聲斷裂。如果反覆出現嚴重的恐慌症狀，建議向專家求助；如果沒有那麼嚴重，想要靠自己照顧身心，那麼先檢查一下自己的身體狀態吧。之前提過心臟和內臟器官會透過迷走神經給予大腦回饋，比起「好！我現在必須鎮靜下來。我的身體，穩定下來吧！」這種想法上的決心，實際練習放鬆自己的身體會更有效果。慢慢地吸氣，並且用比吸氣更慢的速度長長地吐氣，這樣迷走神經就會向大腦傳送「我現在越來越平靜了」的訊號，我們的心情自然會變得平穩下來，那麼就會減少發出「戰鬥狀態」的信號。馬上就從今天開始，在早晨和晚上慢慢地呼吸，直接對自己發送「安全的信號」吧。

不要讓生活中的小幸福變成痛苦

現今的社會上，人們經常會出現神經性厭食症、神經性暴食症等飲食失調症狀，這些全都伴隨著為了控制體重不吃、暴食後催吐，或服用瀉藥引起腹瀉等負面行為，其特徵就是因為這些行為導致的身體、精神上的健康惡化。神經性厭食症是試圖用極端的手段抑制食欲，神經性暴食症則是無法控制食欲而暴飲暴食，而且因為害怕變胖做出催吐等行為。除此之外，持續暴飲暴食導致的肥胖問題也可以當作是飲食失調的一種。

眾所皆知，不只韓國，全世界患有飲食失調的人也正在增加，約占整體人口的2%，10%的少女和年輕女性深受飲食失調之苦。一項研究結果顯示，在工業社會中，典型的女性形象和典型的男性形象更受眾人歡迎，有鑑於典型的女性形象大部分透過大眾媒體或人氣演員等傳播，而在我們的腦海中留下深刻的印象，我們可能在不知不覺間認為大眼睛、修長的臉型和纖瘦的體型才是典型的美麗形象。

為了反抗這種扭曲的身體意象，最近開始出現了身體自愛運動，例如展示貼近現實身材的人型模特兒以代替纖瘦、高眺且不符合現實的人型模特兒；或者比起穿著緊繃的內衣或褲子，應該穿著舒適衣服，這樣的意見逐漸得到眾人支持。

典型的飲食失調——厭食症和暴食症的起因常常都是減重，他們表面上看起來只是在減肥的普通人，但是減重和飲食失調並不一樣，患有飲食失調的人經常會抗拒正常的生活和體重。即使體重已經減到過輕的地步了，患者也無法意識到自己的狀態，甚至認為應該再繼續減下去，儘管在周圍的人眼裡，已經非常苗條了，但患者認為的標準體重本身是扭曲的。因此，他們在人際關係上也會感到很吃力、無法適應社會，有很多情況同時伴隨著憂鬱症、焦慮和強迫症，而且患者對食物的態度也不同，在食物前面看起來非常焦慮、緊張，整體上出現強迫的傾向。患有暴食症時，很多時候會無法控制憤怒和衝動，也很容易上癮。

通常ＢＭＩ指數低於十七時，就會被診斷為厭食症。ＢＭＩ是指體重除以身高平方的數值，一般正常範圍是介於十八．五～二十二．九之間，十八以下為過輕。身高一百六十公分，體重四十六公斤，ＢＭＩ就是十八左右，這已經算是非常苗條的身材，但如果自我認知的身體意象已經扭曲了，就會陷入要用極端的方式減肥的想法中，身體荷爾蒙的平衡也會被打破，導致停經、脫髮或身體營養不均等問題，也容易感染傳染病。ＢＭＩ指數低於十七時，就會很難進行日常生活的思考，因為有關預測、判斷和行動的前額葉功能非常低弱，讓人覺得難以做出決策；個性變得無法通融，執著於自己的原則或記憶，人際關係上也會變得很辛苦，難以維持日常生活。

有一些人在看YouTube吃播影片時會忍不住誘惑跟著一起吃，實際上根據統計顯示，肥胖人數受吃播的影響有所增加。吃東西可以帶來本能上的快樂，飲食會活絡能夠穩定我們身體的迷走神經，讓心情變得很放鬆，因此一邊喝茶或吃零食一邊聊天，會比僵硬地面對面聊天更加輕鬆和自然。

患有飲食失調的人當中，有很多人小時候曾經遭到虐待，因此不只有自尊心低、焦慮、憂鬱、無法控制憤怒等問題，還可能有強迫症的傾向。也有一些人會因為就算自己付出了各種努力也無法解決，所以容易受挫、重複著原本的生活模式。如果有很難獨自解決的問題，請一定要尋求專家的協助。

接受專家的諮商後，可以透過藥物治療得到幫助。此外還有認知行為治療、心理諮商、家庭治療等各式各樣的方法。

為了解決問題，必須從承認自己有這方面的困難開始，因為懷抱著不想面對、不想承認的心理而繼續逃避的話，只會更加難受，所以我們必須仔細審視自己的問題。

即使沒有達到被診斷為暴食症或厭食症的程度，人們也很容易會在覺得還可以忍受時，喪失自制力，逐漸演變成厭食症或暴食症。在很多情況下，暴飲暴食或節食都不是根本的問題，深入探究後會發現很多情況都是自尊心或人際關係出現問題。比起只關注表面上的飲食問題，我們更應該觀察自己內心的模樣。

解決辦法就是練習接受並喜歡自己原本的模樣，之前提到的身體自愛運動也是類似的概念，我們應該喜歡自己原本的臉和身材，擺脫被飲食和體重綑綁的惡性循環。如果不喜歡自己原本的樣子，只注重外在標準，自然就會無法接受隨著年齡增長而改變的外表或身體，這與自我認同的程度有關。

為此，我們必須與認同並喜歡原本的自己的人產生連結。如果和最願意支持我的家人之間有著長久未解的誤會，那麼和家人一起接受家庭治療也會有所幫助。

最好和只用外表判斷自己、對極小的變化也會給予負面回饋的人保持一定的距離。我們首先要做的事情就是遠離社交媒體，如果沉浸在過度扭曲、充滿華麗形象的虛擬世界中，自己的身體意象很容易會在不知不覺間跟著變得扭曲。比起虛擬空間，我們應該更專注在和現實中遇見的人進行交流。

心裡的空虛需要由心填滿

我們來看一下經常成為現代人問題的食物成癮現象。最近的節目很流行「吃播」，不只網路上的個人節目，也容易在每次轉換頻道時，於無線電視臺看到有人吃得津津有味的節目。我問了一個很喜歡看人氣YouTuber「吃播」的朋友，吃播到底哪裡好看，他反而用「這還需要問嗎」的表情回答我：「因為我在減肥，沒辦法盡情地吃，但吃播可以替我滿足欲望，看各種食物的吃播也可以知道一些資訊！」

聽完朋友的話後，我直接搜尋了一位YouTuber，他一次吃了二、三人份的食物，看起來卻很健康，沒有一點贅肉。「盡情吃美食，卻完全不會變胖，還很健康！」這不就是我們非常期望的美好幻想嗎？雖然頭腦很清楚不可能盡情地吃還吃不胖，但在看影片的時候，心情會變得舒坦，漸漸對影片入迷，這是因為當我們在現實和幻想之間感到痛苦時，經常會想要否認現實。

不要超過食物帶來的小幸福

我們在吃東西的時候會感到幸福，看著別人吃飯的模樣也會很開心，這是因為食欲是一種本能的快樂。因此，動物園裡最受歡迎的節目也是「餵食動物」，我們很容易可以在農場看到孩子們為了一直在吃的馬和羊群們，彎著腰搬運乾草或紅蘿蔔，不要說喊累，他們還很開心。當我們在飲食的時候，身體會放鬆下來，這是因為讓身體放鬆的神經被活化了，所以為極度焦慮和緊張的人「遞一杯水」是一個很有意義的行動。但是有了吃東西會讓身體放鬆的經驗，可能就會習慣性地在每次承受壓力時，引發暴飲暴食的行為，需要格外注意。

尤其是如果一口氣吃下麵包、餅乾、冰淇淋等糖分含量很高的食物，不只會放鬆身體，讓心情變好的荷爾蒙還會增加分泌，因此最近暴飲暴食也被視為一種食物成癮的概念。如果仔細傾聽一口氣吃下十個以上的冰淇淋，以及坐著吃下一整盒巧克力餅乾的人所說的話，會發現全部都與「內心的空虛」有關。當內心很空虛、好像被穿了一個洞、不知道該把心放在哪裡而感到痛苦時，可以做的最簡單的事情就是吃，但是最近的研究結果顯示，與普通人相比，肥胖的人在吃甜食時，大腦的補償效果是下降的，起初只要吃一個冰淇淋就可以讓內心舒暢且得到滿足，但是就像吸毒和酒精中毒一樣，從某個時刻開始就必須吃到五個以上才能夠得到類似的補償效果。

如果暴飲暴食成為了習慣，就無法停止，之後湧上的罪惡感令人十分難受。我們經常認為身材很胖，「我想減肥，但是減不下去。聽說有一種減肥藥，要不要吃吃看？」、「聽說做○○手術會馬上瘦下來，要不要試試看？」、「我要從今天開始餓肚子！」我們會像這樣專注在能夠馬上看到效果的事情上。但即使吃減肥藥戒掉了暴飲暴食，或者接受了手術，我們也會在過了一陣子後，再次變胖。

如果不理解自己內心的空虛為什麼會和對食物的飢餓感連結在一起，只是單純從身材的角度看待減肥，那麼不管使用什麼方法，之後失敗的可能性都很高。當大腦的能量和情感失衡時，我們應該優先意識到自己可能會變胖、做好壓力管理並仔細審視自身內心的憂鬱或焦慮。

因舞臺恐懼症而焦慮不安的人們

曾經做為東京奧運的體操金牌得主而備受矚目的美國體操天后西蒙・拜爾斯（Simone Biles），因為身心都處於無法動作的狀態「twisties」（體操選手的身心無法協調時所使用的用語），連續放棄了奧運的比賽項目，是多虧全世界粉絲的打氣，她才得以完成最後一場比賽。只要站在大舞臺上或受人們矚目的地方就會瑟瑟發抖的症狀，被稱為舞臺恐懼症，藝人或體育明星也很難避免。

選手們除了要培養和鍛鍊個人技能以外，還要為了在重要的比賽中不緊張、好好發揮實力，保持良好的精神狀態，這一點至關重要。不只對選手，對舞臺劇演員、演奏者或演講者來說，舞臺恐懼症都是一項大挑戰。在一次的採訪中，聲樂家曹秀美和音樂劇演員曹承佑也坦言，站在舞臺上就會發抖。因為是職業選手，所以站在舞臺上不會緊張，這種說法一定是騙人的。

雖然會緊張，但大部分的人都不會逃避，活動也不會受到影響；不過如果出現舞臺恐懼症，許多活動都會受到影響。例如，鋼琴家在上臺表演之前，手突然變僵硬，無法彈奏琴鍵；舞臺劇演員站在舞臺上，腦海變得一片空白，想不起臺詞；講者站上講臺後，聲音顫抖到無法正常說話等症狀。這些都是舞臺恐懼症，這可以視為是一種社交恐懼症。

從小學到長大成人，一直飽受報告焦慮的痛苦

報告焦慮也是一種社交恐懼症。依據統計，到精神健康醫學科就診的最常見原因就是報告焦慮。根據另一項統計顯示，20%的美國成

人和30％的加拿大成人具有報告焦慮。以學生為對象進行的一項韓國研究中，有社交恐懼症的學生占41％，其中以報告焦慮的人數最多。

研究結果表示，這是因為大腦有關焦慮和恐懼的杏仁核過度反應；也有假說指出是因為神經傳導物質血清素不均。截至目前為止，大腦科學研究還沒有查明確切的原因。

觀察有報告焦慮的人的特徵，可以發現很多人都有完美主義的性格，對於想要表現好的自己抱持過度的期待，而引起緊張感。也有很多情況，明明可以報告得很好或講課講得很好，卻因為某一瞬間的經驗導致症狀惡化，例如只要曾經有一次在報告時聲音顫抖、不知所措，就會擔心以後再次失誤而提前開始害怕。雖然「只是犯過一次錯誤，如果之後繼續做下去還是可以做得很好」這樣的情況很多，但還是有不少人只因一次的失誤就喪失信心、一直逃避，這種惡性循環會導致自信心逐漸下降。

社交恐懼症通常始於青少年時期，從而對職場生活或個人的人生造成非常負面的影響。因為青少年正是自我意識開始形成的時候，會開始思考別人怎麼看待自己，如果越來越害怕站在他人面前而逃避的話，很容易會向內自我譴責，變得憂鬱。

如果社交恐懼症並不嚴重，透過反覆練習可能會自然消失；但如果是連嘗試都感到很困難的完美主義者，他們大多都不太會承認自己的緊張狀態，而且還會持續地逃避。克服舞臺恐懼症的方法有藥物治療和認知行為治療等。就算沒有嚴重的舞臺恐懼症，面對非常想被選上的公司面試或者只有一次的比賽時，不管是誰都會感到緊張，如果症狀很嚴重，為了替混亂的自律神經系統找回規律，可以在和專家商談後，接受藥物治療的幫助。

不要害怕，直接去做吧

報告時感到焦慮的原因中，一定有包含想要表現得好、必須完美的想法，例如我一開始提到的那位鋼琴家的手指只會在臺上變得僵硬，練習時卻完全沒有問題。有報告焦慮的人需要在他人面前發表時，會感到非常緊張而聲音顫抖，但是他們在日常生活中卻可以很自然地對話。也就是說，我們在報告時會因為覺得必須做到完美，或者擔心聽者會不會看輕自己而更加緊張；實際的情形也是如此，只要在聽眾中發現一個分心做其他事的人，就會覺得自己的報告好像真的很無聊，自信心下降，手也會突然開始發抖。請接受每個人只要站在人們面前就會緊張的事實，給自己一點喘息的空間，在糾正想法的同時，實際練習報告看看吧！也就是自然地進行認知行為治療。

社交恐懼症透過接受認知行為治療會好轉很多，緊張的時候，像韓國射箭選手一樣對自己說：「不要害怕，放手去做吧！」自我調整心態是一個很好的方法。報告時誠實地對聽眾說自己很緊張也不錯，光是向聽眾表達自己很緊張的這個行為本身，就已經具有緩解緊張的效果了。我們之所以緊張，是因為想要在對方或許多人面前展現出完美的樣子，而不想展現出緊張的樣子，只有銘記這一點，才能逐漸改善自己的不足之處，在舞臺或他人面前保持大器、自信的模樣。

期望就會實現：畢馬龍效應

長期與患有精神疾病的患者或他們的家人一起接受治療，就會看到隨著歲月的流逝，每個人都經歷了非常不同的過程。有些人的病情一天天惡化，沒辦法從他們身上獲得盡力幫忙治療的成就感；有些人雖然速度很慢，但的確逐漸好轉中。仔細思考，其差異在於對環繞著患者的、具有意義的關係所抱持的期待，這裡所說的期待並不是指茫然的幻想或幸運。很多患者或家屬都希望睡醒後病情就會完全好轉，或者奇蹟似地重新站起來，但實際上真的很難實現。比起這些，我們應該直接關注疾病本身，一邊恢復，一邊為狀態逐漸好轉的患者加油。

有鑑於韓國文化很在意周圍的視線，很多人會在自己的孩子考上好大學之前，寄予很大的期望，如果孩子突然生了大病，就會和親友的孩子形成落差，難免會感到傷心。但是與其和其他人比較，不如配合孩子的速度，為他們加油，那麼他們一定會在某一天能夠應對艱辛的病症生活下去。

這也可以視為是一種畢馬龍效應（Pygmalion effect），其源自於希臘神話，雕刻家畢馬龍將理想中的女人做成雕像並墜入了愛河，愛神阿芙蘿黛蒂被畢馬龍感動，賦予了女人像生命，「懇切地期望就會實現」這句話就是源自於此。實際上，哈佛大學教授羅伯特・羅森塔爾（Robert Rosenthal）進行了類似的實驗，在一所小學隨機抽選20%的學生，將名單交給老師並對老師說他們是高智商的學生，老師因而很期待名單上的學生能有更好的成績，令人驚訝的是，八個月後被列入名單的學生平均分數比其他學生還要高。老師們的期待在沒有意識到的狀態下傳達給了學生，這可以說是孩子們沒有辜負期待的努力成果。

懇切的期望擁有強大的能量，身為可靠支持者的父母或老師給的無言訊息，能夠發揮驚人的效果。有人對我有所期待、直接相信我，這種精神透過無言的「感覺」傳達給我，在那一刻，人們會覺得被理解，產生強烈的動力去改變。

光是凝視著原本的模樣就會變得不同

精神科醫生丹尼爾．斯特恩（Daniel N. Stern）表示，一個人的心思被傳達並與他人連結稱為情感協調，就好像管弦樂隊中配合和音演奏一樣，我們的情感也互相連結在一起，在這個狀態下，兩個人的腦波也會變得一致。父母或老師，愛惜我的人對我的信任和期待會連接到我的自信感。反之，「你那樣真的做得到嗎？」、「我就知道會這樣。」等輕視的話、不抱期待的表情或態度會讓人畏縮和失去自信。

偶爾被重要的人輕視或指責會在我們的大腦留下強烈的痕跡，根深柢固的低自尊會形成「我很無能，總是很不足」的自責與「世界這麼冷酷，我難以承受」等負面的世界觀。我經常幫在人際關係上有困難或有心靈創傷的人諮商，並且回溯他們的記憶，發現常常可以連結到很久以前的負面記憶，這被稱為初期記憶，以治療心理創傷聞名的弗朗辛·夏皮羅則將其稱為「試金石記憶」。

在說明畢馬龍效應時，有一些人問：「妳知道我對孩子的『期待』有多高嗎？他小時候非常聰明，我一直期待他可以考上名門大學，但現在卻在接受精神科治療……我都不敢跟親戚說。哪怕是現在也好，好希望他可以重新振作，快點好轉。」我們對於畢馬龍效應一定要記住一些關鍵，就像前面也有提過那樣，我們需要正視那個人本身的狀態並且幫助他，不能期待或提出希望馬上見效的無理要求。千萬不要誤解畢馬龍效應，無視那個人的需求和速度，對他強加過多的期望。

結語

與可以引導人生變化的好人建立關係的力量

孩子上幼稚園的時候，我和他一起學習小提琴當作興趣。當時孩子玩著爺爺買的小提琴模型玩具玩得很起勁，於是我對他提議：「要不要學小提琴？」他欣然表示要學，所以便立刻開始上課了。我到現在還記得第一堂課結束後，小心翼翼地用弓拉琴弦的瞬間。

把小提琴貼近耳朵，就像抱著小樂器一樣，用弓一劃，鏗鏘的聲音便會比任何有名小提琴家的演奏都還要鮮明地迴盪在耳中，我也因此被小提琴的聲音所吸引。因為我是出於興趣開始學習的，所以沒有花很多時間練習，我們母子的進度並不快，儘管如此，我們還是偶爾會一起開心地練習和欣賞小提琴曲。有一天，在欣賞不同小提琴家演奏同一首曲子的時候，孩子說：

「A演奏家使用了太多揉弦（抖音的演奏技法），B演奏家使用得好像比較適當。」

A和B都是有名的演奏家，所以兩段演奏都十分美麗。雖然好像有些不同，但我沒有察覺到其中差異，孩子卻感受到了細膩的演奏差異。我們一起練習人生第一次演奏的樂器，但小提琴的聲音更鮮明地鐫刻在孩子的腦海中，身為大人的我，在腦中卻只有留下模糊的影子。

事實上也有觀點指出，拍攝了未滿五歲開始學小提琴的孩子和沒有學小提琴的孩子的大腦後，發現了演奏樂器與否所使用到的大腦領域面積有所差異。因此，眾所周知，從小開始學習外語、演奏樂器和形成依附關係有助於在大腦鋪設堅實的道路。我們可以輕易推測，從小開始建立起安全、緊密關係的人和沒有建立起這種關係的人，兩者的大腦神經連結網可能會有所不同。

認為「自己非常珍貴，所以不管別人說什麼，我都沒關係」的這種人，從小就有建立安全關係的經驗，就像在小提琴演奏中快速察覺到揉弦的人一樣。但如果沒辦法如此，就會因為我和他人的界線不明確，比較容易受到他人的影響，因此有時候得不到身邊的人的肯定，就會覺得自己實在太悽慘了，這就是沒有建立過安全又穩固的關係的情況。雖然你可能會認為，「都已經那樣生活過來了，你還要我怎樣？真的沒有答案嗎？」我們應該要小心避免變成「因為小時候的人際關係經驗很辛苦，所以人生只能這麼艱難，沒有辦法」這種悲觀主義的思考。我們在人生中與什麼樣的人維持良好的關係以及如何受到影響，隨時都可以改變。

這就是為什麼很多心理治療最終追求目的都是矯正性情緒經驗（corrective emotional experience），即擺脫一輩子熟悉的關係模式，建立「我的情感可以得到認同與安慰」的安全關係。就算小時候辛苦的人際關係模式深深烙印在腦海中，只要遇到好的配偶或好的同事，並形成良好的關係，健康的關係模式就會在心裡扎根。

如果處於不知道該如何開始與他人建立關係的狀態，可以試著和醫生一起進行諮商。雖然速度緩慢，但這就像是長大成人之後，並不是不可能學會樂器一樣，我們可以慢慢地熟悉。

我每天都會在渴望人情、卻又感到焦慮的諮商者心中，遇見沒有長大的孩子。我設定了一個目標，希望可以在本書中簡單地介紹即使不來諮商室，也可以在人生中與周圍的人維持良好關係的許多種方法。

我每天都會和在人際關係中受傷的人們見面，並與他們一起痛苦、一起尋找道路、一同成長。我也只是一個想要在人群之中建立起良好關係的普通人。

多虧了一直溫暖地支持我的老公和親愛的兒子、成為我力量的同事們，我才能夠寫下這本書，在此表達我深深的謝意。

金旼慶

本書參考資料
請掃 QRCode

國家圖書館出版品預行編目資料

可不可以，不要跟別人相處？ / 金旼慶 著；林又晞 譯. --
初版. -- 臺北市：平安文化有限公司, 2023. 11
288 面； 21×14.8 公分. --（平安叢書；第 778 種）
(Upward ; 150)
譯自：나는 관계가 어려운 사람입니다
ISBN 978-626-7181-97-3(平裝)

1.CST: 人際關係 2.CST: 生活指導

177.3 112016699

平安叢書第 0778 種
UPWARD 150

可不可以，不要跟別人相處？

나는 관계가 어려운 사람입니다

作　　者—金旼慶
譯　　者—林又晞
發 行 人—平　雲
出版發行—平安文化有限公司
臺北市敦化北路120巷50號
電話◎02-27168888
郵撥帳號◎18420815號
皇冠出版社(香港)有限公司
香港銅鑼灣道180號百樂商業中心
19字樓1903室
電話◎2529-1778　傳真◎2527-0904
總 編 輯—許婷婷
執行主編—平　靜
責任編輯—陳又瑄
美術設計—Bianco Tsai、李偉涵
行銷企劃—蕭采芹
著作完成日期—2022年
初版一刷日期—2023年11月
初版二刷日期—2024年1月
法律顧問—王惠光律師

讀者服務傳真專線◎02-27150507
電腦編號◎425150
ISBN◎978-626-7181-97-3
Printed in Taiwan
本書定價◎新臺幣380元/港幣127元